Michaela Lingfeld-Hertner

HEJ.

MIT BASTGARN HÄKELN SUPER EASY

Einfache Projekte im **Nature-Look**

EMF

EIN BUCH DER
EDITION MICHAEL FISCHER

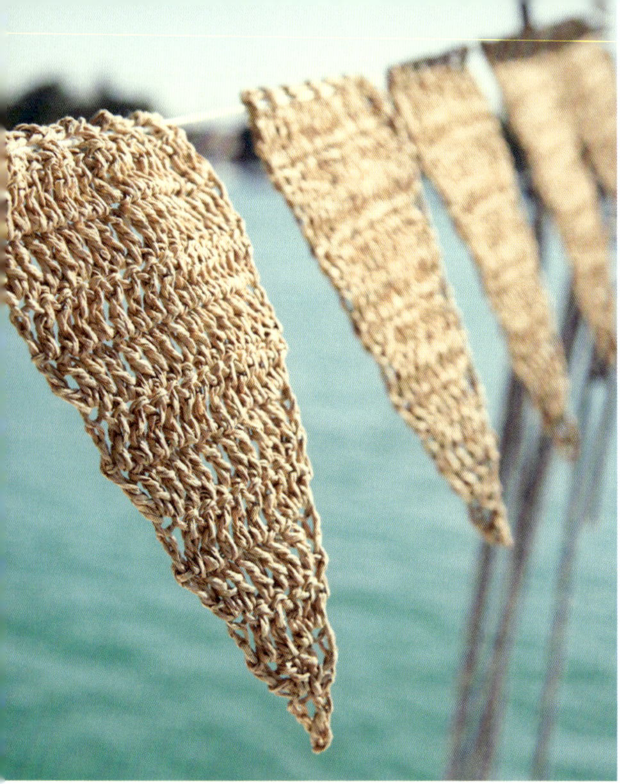

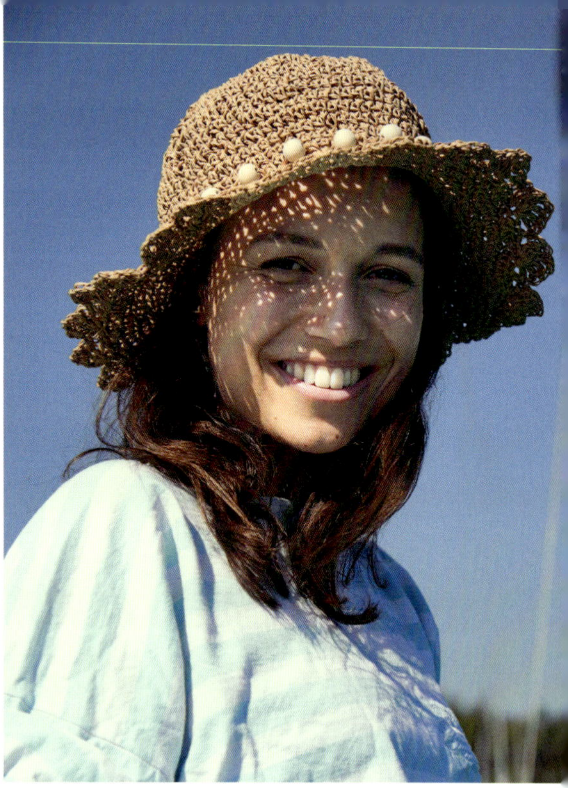

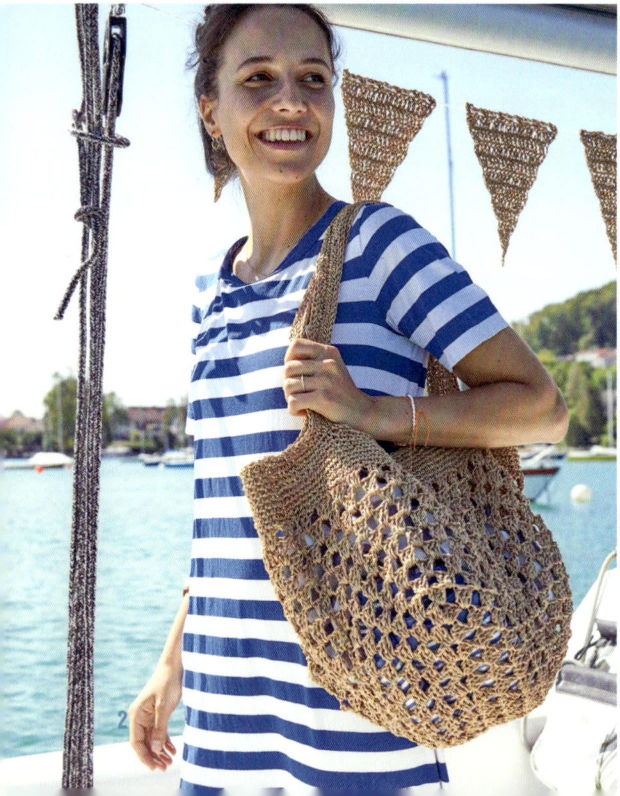

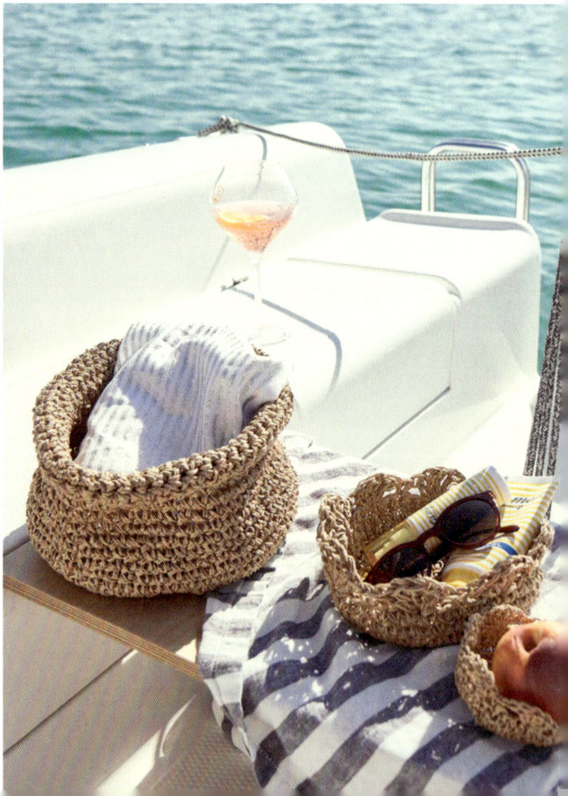

INHALT

VORWORT

Aus der Mode, bei Accessoires oder auch für Home-Deko sind sie nicht mehr wegzudenken: Häkelmaschen in allen möglichen Varianten und aus unterschiedlichsten Garnen. Eine besondere und interessante Möglichkeit ist hierbei das Arbeiten mit Papiergarn, das sich aufgrund der Formstabilität und Optik besonders gut für Taschen, Hüte, Deko und vieles mehr eignet. Ich möchte Ihnen mit meinen einfachen Modellen nicht nur das Arbeiten mit diesem interessanten Garn näherbringen, sondern Ihnen auch bei der Entstehung viele gemütliche Häkelstunden bescheren.

Ich habe alle Modelle so designt und die Anleitungen so geschrieben, dass Sie sie ganz einfach individuell, nach Ihrem Geschmack oder ganz genau an Ihre gewünschte Größe, anpassen können. Es reicht meist, ein paar Maschen mehr oder weniger anzuschlagen beziehungsweise ein paar Reihen mehr oder weniger zu häkeln. Ob Sie eine Tasche oder ein Tischset größer oder kleiner häkeln möchten, können Sie beim Nacharbeiten selbst entscheiden. Die Materialangaben mit den Abmaßen geben Ihnen einen Ausgangspunkt zur Orientierung.

Wenn Sie schon länger nicht mehr gehäkelt haben und/oder die eine oder andere Maschenart nicht so ganz genau kennen, kein Problem: Am Anfang des Buches ist alles Wissenswerte in Bild und Text erklärt. So gelingt das Nacharbeiten ohne Probleme. Ich wünsche Ihnen dabei und natürlich auch später beim Verschenken, Verwenden, Tragen und Ausführen Ihrer tollen Werke viel Freude und gutes Gelingen!

Alles Liebe, Ihre

Michaela Lingfeld-Hertner

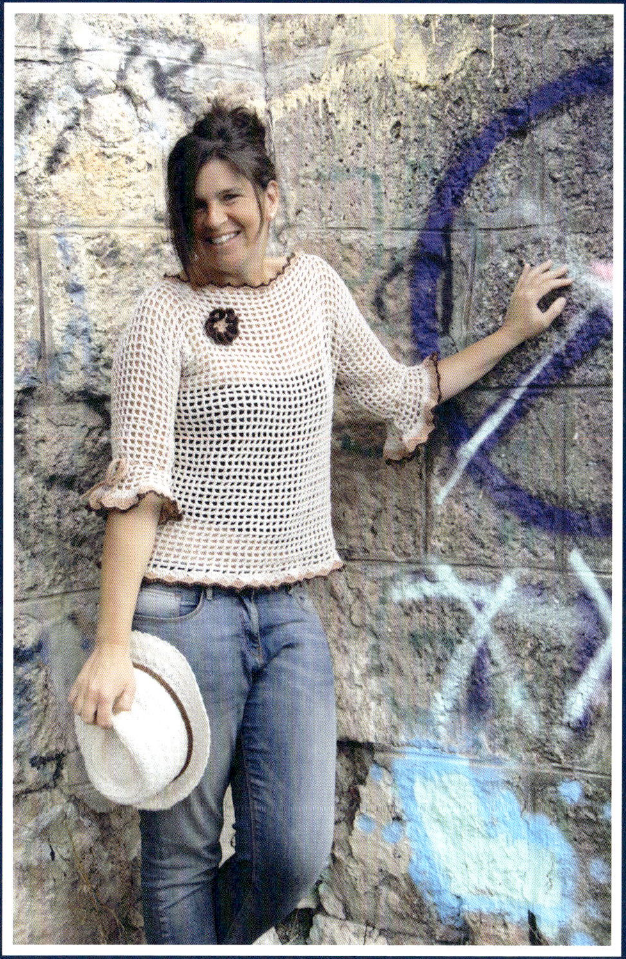

DAS GARN

Das Schöne an diesem Buch ist, dass für alle Projekte nur eine Garnsorte in nur einer Farbe verwendet wird. Es fallen also viele, oft schwierige, Entscheidungen weg, wie die Farbauswahl, Farbkombinationen, alternative Garnqualitäten oder die Frage: „Was mache ich mit den vielen verschiedenen Resten?"

In diesem Buch wird ausschließlich mit dem Papiergarn von buttinette gearbeitet. Es besteht aus 100 % Papier, und ein Knäuel mit 150 g hat eine Lauflänge von ca. 250 m. Dieses Garn eignet sich wunderbar für alle Projekte, die schön ihre Form halten sollen, wie Hüte, Taschen oder Dekoartikel für Heim oder Garten. Das schlichte, zeitlose Braun passt immer und kann zu allen Farben kombiniert werden.

TIPP:

Das Verhäkeln dieses rauhen, steiferen Garns kann zu Beginn ungewohnt sein und die Finger könnten etwas darunter leiden. Um unangenehme Druckstellen oder abgeschürfte Haut zu vermeiden, können Sie den Zeigefinger mit einem Pflaster oder Tape umwickeln.

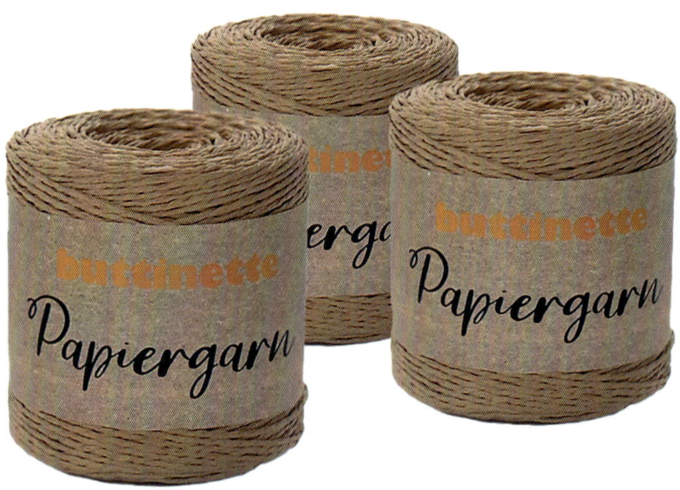

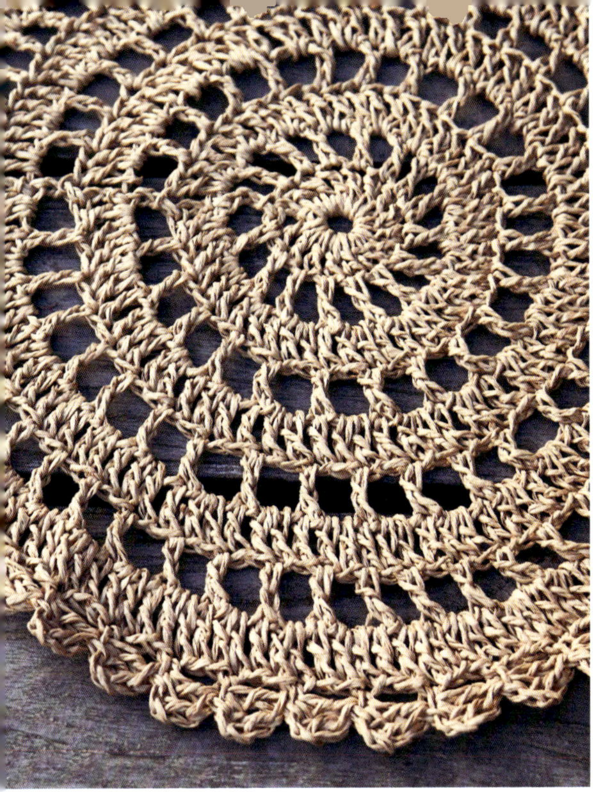

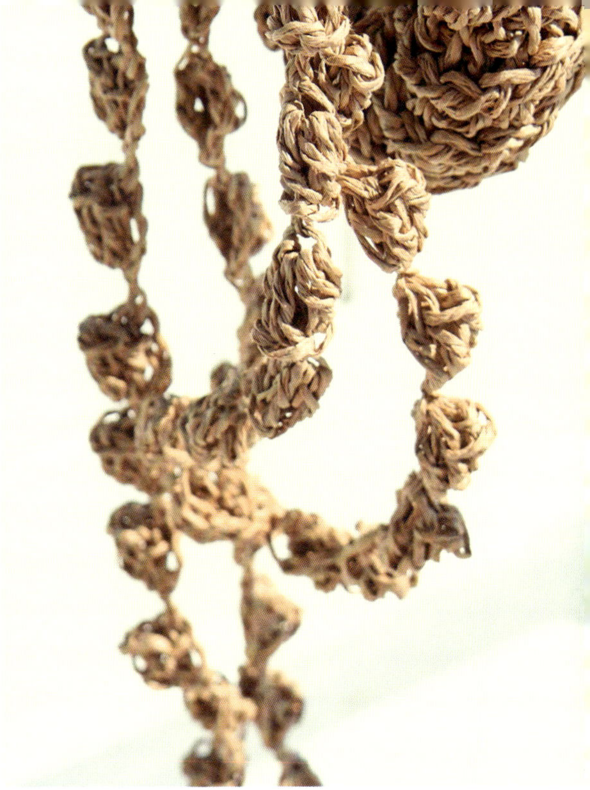

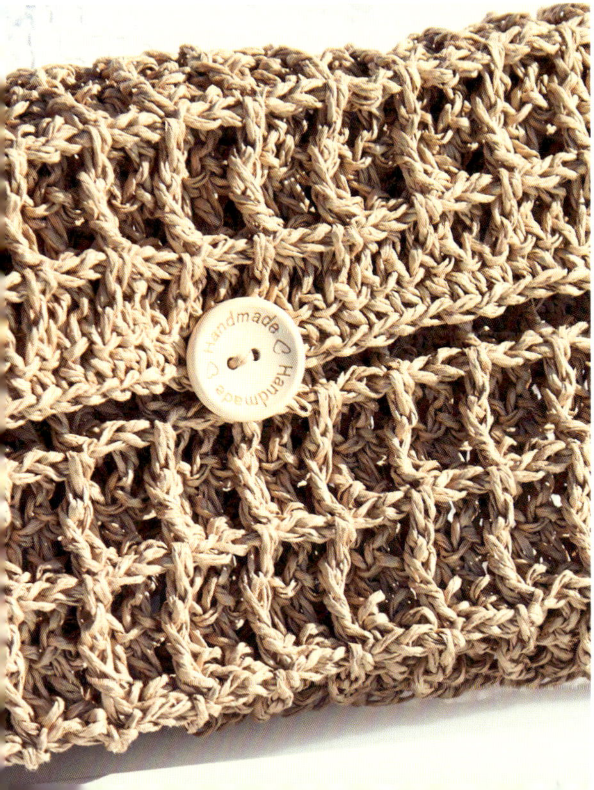
Handmade
Handmade

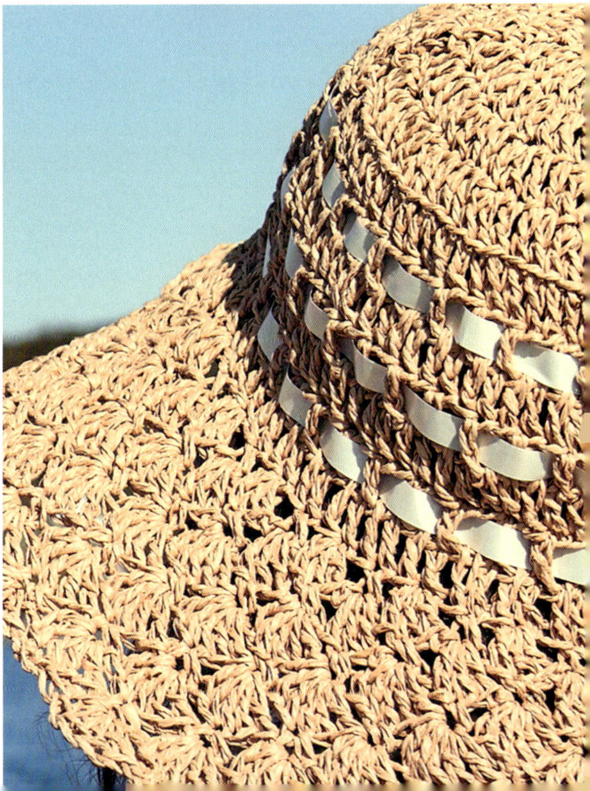

GRUNDLAGEN

LUFTMASCHEN ANSCHLAGEN

1

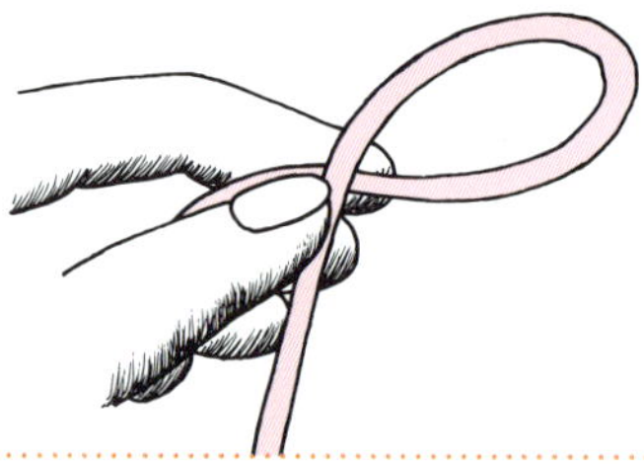

Legen Sie den Faden zu einer Schlinge und fixieren Sie ihn mithilfe Ihres Daumens und Zeigefingers. Der Arbeitsfaden befindet sich unten hinten.

2

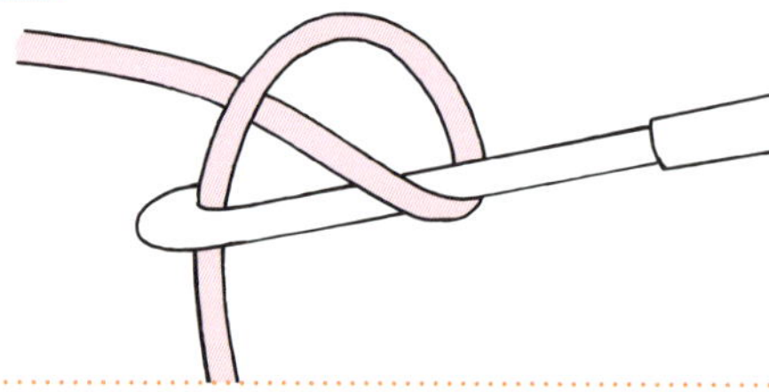

Stechen Sie nun mit der Nadel durch die Schlaufe und holen Sie den Faden durch die Öffnung.

3

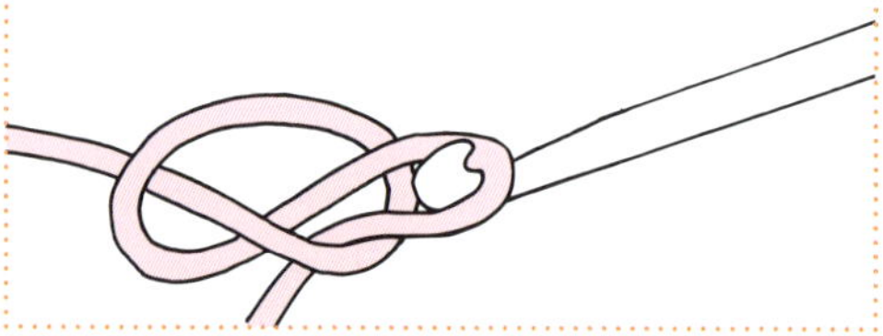

Ziehen Sie die so entstandene Schlaufe leicht fest, indem Sie an beiden Fäden, dem Fadenende und dem Arbeitsfaden, ziehen. So ist die Anfangsschlinge entstanden, in die Sie nun weitere Luftmaschen häkeln können.

4

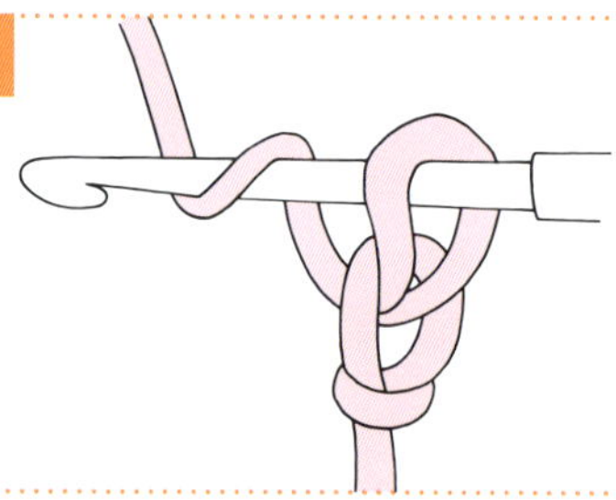

Um weitere Luftmaschen anzuschlagen, die Anfangsschlinge gut festhalten

KETTMASCHEN

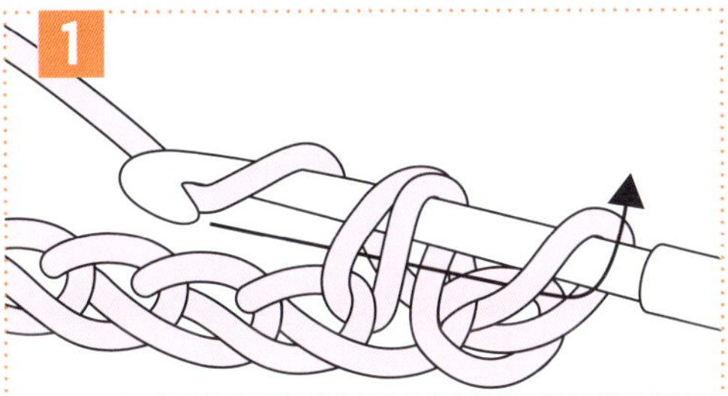

In die Masche einstechen, den Faden holen und gleich durch beide Schlaufen ziehen.

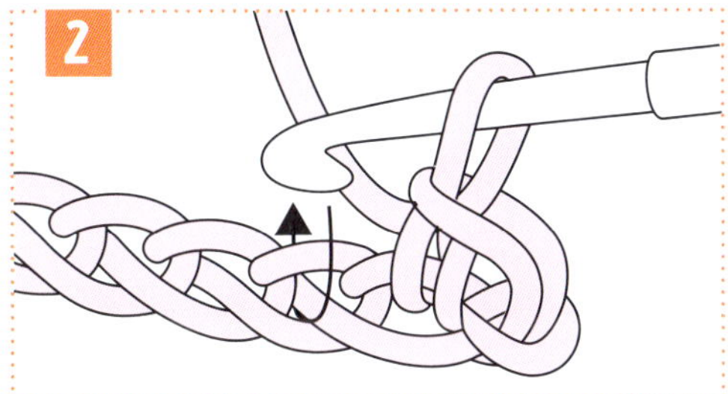

Dann stechen Sie in die nächste Masche ein und wiederholen den Vorgang.

FESTE MASCHEN

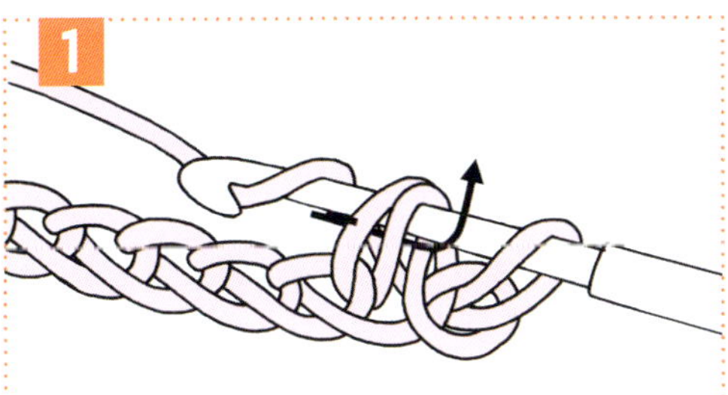

Stechen Sie mit der Nadel in die zweite Luftmasche von der Nadel aus gesehen (die Schlinge, die auf der Nadel liegt, zählt dabei nicht als Masche) und holen Sie den Faden. Jetzt haben Sie zwei Schlingen auf der Nadel.

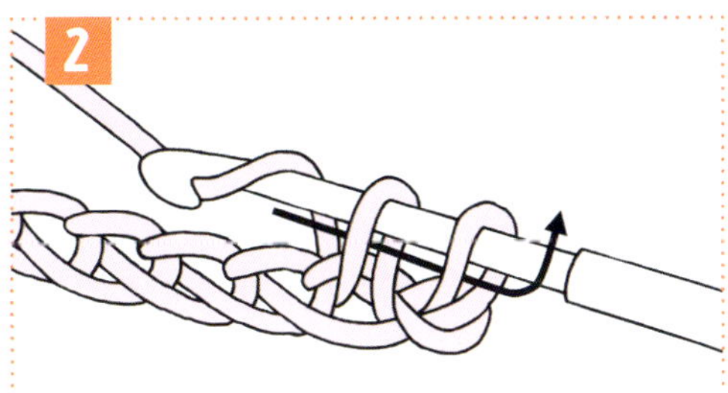

Holen Sie den Arbeitsfaden erneut und ziehen Sie ihn durch beide Schlingen auf der Nadel. Die erste feste Masche ist fertig. Dann stechen Sie direkt in die nächste Masche ein und wiederholen den Vorgang.

HALBE STÄBCHEN

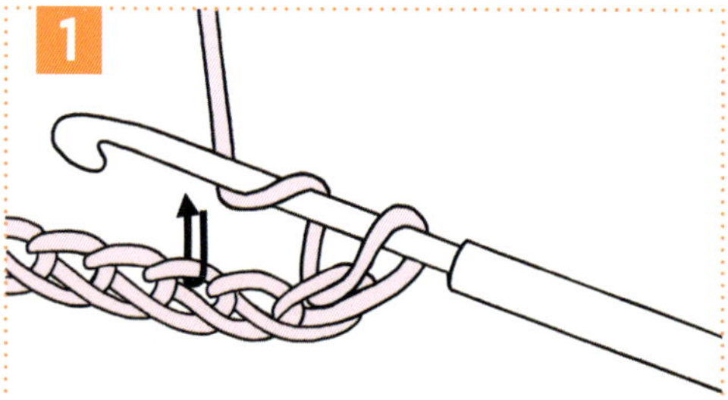

Legen Sie den Faden einmal um die Nadel (Umschlag). Überspringen Sie zu Beginn einer Reihe/Runde zwei Luftmaschen, stechen Sie dann in die folgende Masche ein ...

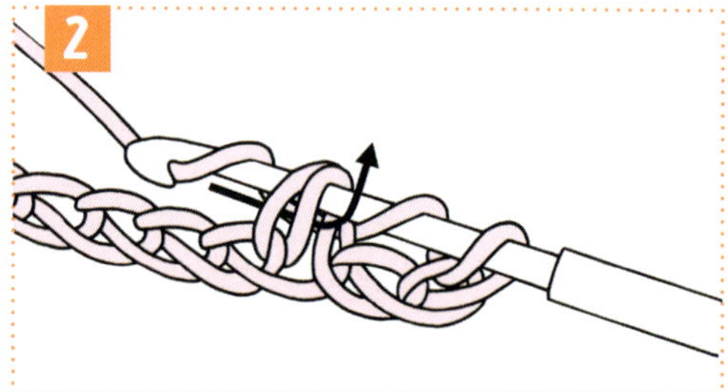

... und holen Sie den Faden. Jetzt haben Sie drei Schlingen auf der Nadel.

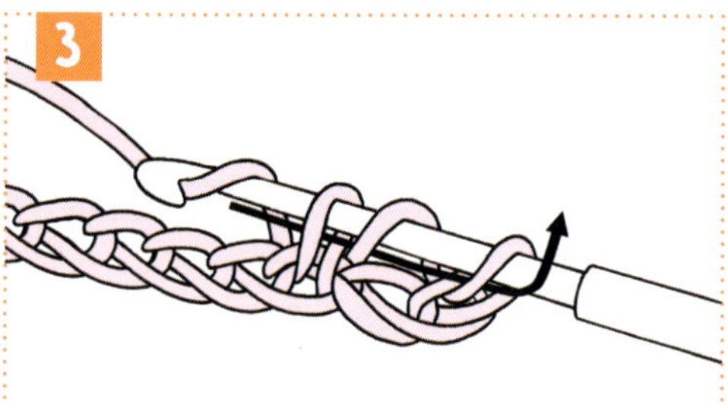

Holen Sie den Faden erneut und ziehen Sie ihn durch alle drei Schlingen auf der Nadel.

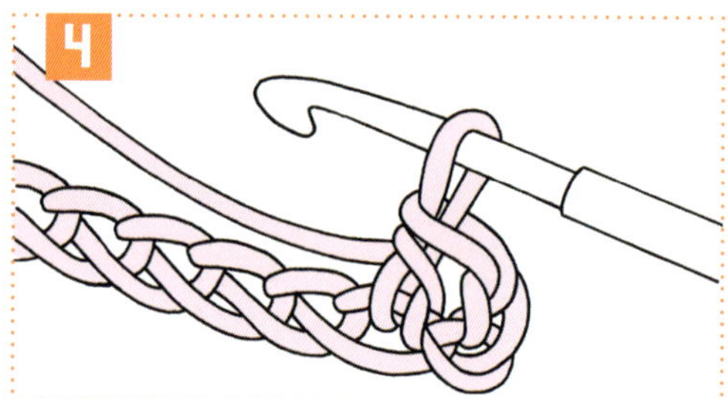

So sieht das fertige halbe Stäbchen aus. Für das nächste halbe Stäbchen stechen Sie direkt in die nächste Masche ein und wiederholen den Vorgang.

STÄBCHEN

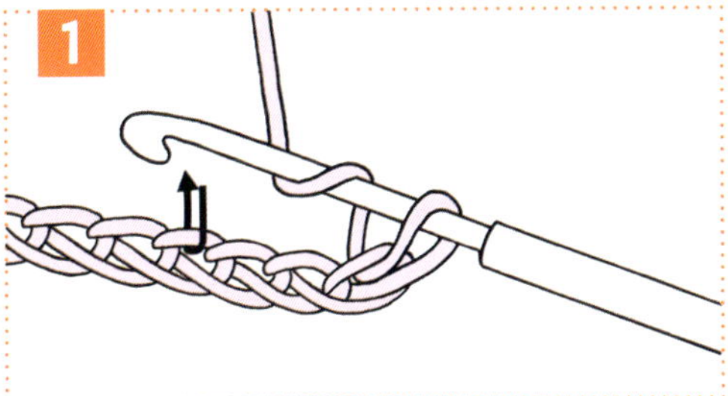

Legen Sie den Faden einmal um die Nadel. Stechen Sie in die vierte Masche von der Nadel aus gesehen.

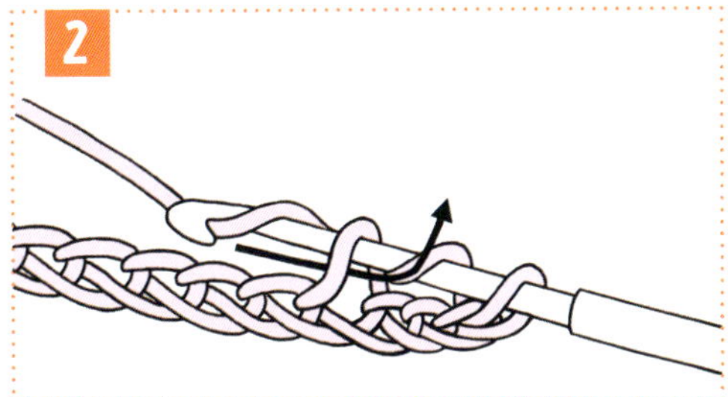

Holen Sie den Faden und ziehen Sie ihn durch die Masche. Jetzt haben Sie drei Schlingen auf der Nadel.

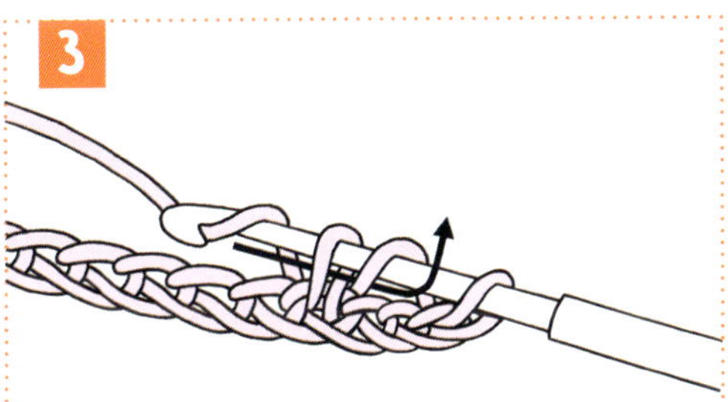

Holen Sie den Faden noch einmal und ziehen Sie ihn durch die ersten beiden Schlingen auf der Nadel. Es liegen jetzt nur noch zwei Schlingen auf der Nadel.

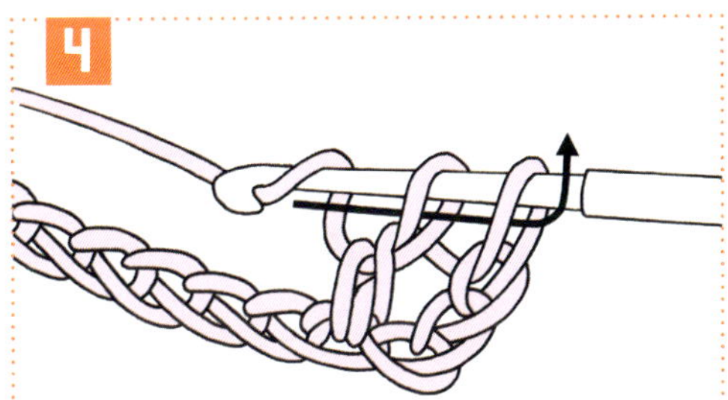

Holen Sie den Faden noch einmal und ziehen Sie ihn durch die letzten beiden Schlingen. Das erste Stäbchen ist fertig.

DOPPELSTÄBCHEN

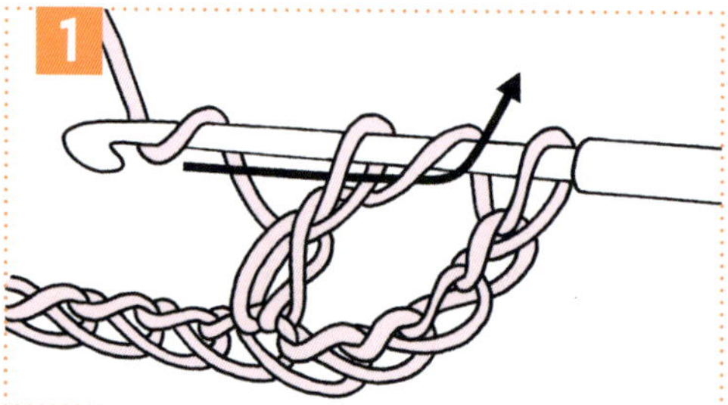

Legen Sie den Arbeitsfaden zweimal um die Nadel und stechen Sie dann in die fünfte Masche (am Reihen-/Rundenanfang) bzw. in die folgende Masche (innerhalb einer Reihe/Runde) ab der Nadel ein. Holen Sie den Arbeitsfaden. Es liegen vier Schlingen auf der Nadel.

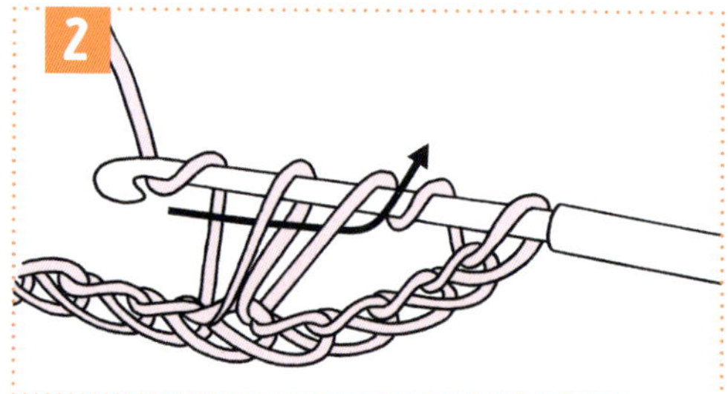

Holen Sie den Arbeitsfaden erneut und ziehen Sie ihn durch die ersten beiden Schlingen auf der Nadel. Es liegen noch drei Schlingen auf der Nadel.

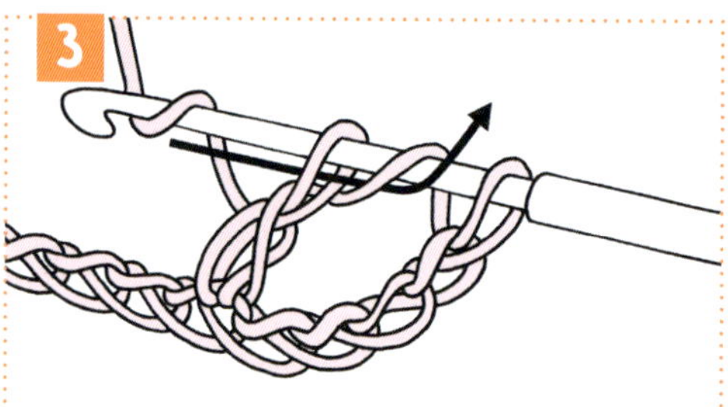

Holen Sie wieder den Arbeitsfaden und ziehen Sie ihn durch die nächsten beiden Schlingen. Holen Sie den Arbeitsfaden erneut und ziehen Sie ihn noch durch die letzten beiden Schlingen.

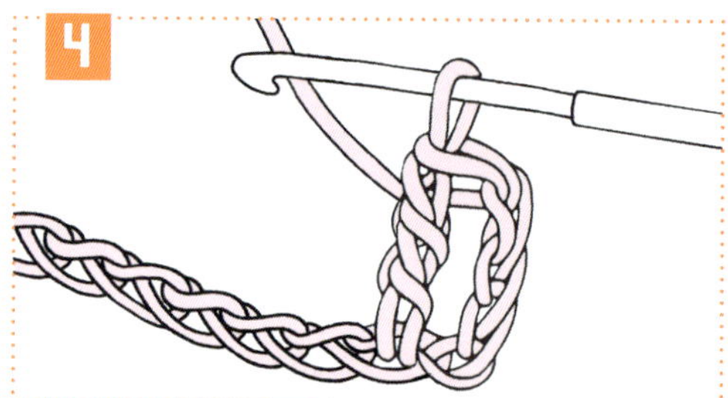

Fertig ist das Doppelstäbchen.

RELIEFMASCHEN

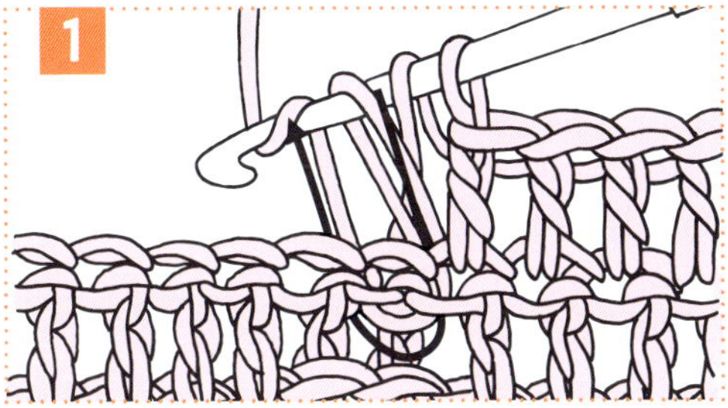

Hier wird ein Reliefstäbchen von hinten gezeigt. Arbeiten Sie die Umschläge wie gewohnt und stechen Sie dann statt in beide Maschenglieder von hinten nach vorne um den Maschenkörper der Vorreihe herum. Holen Sie den Faden und maschen Sie das Stäbchen wie gewohnt ab.

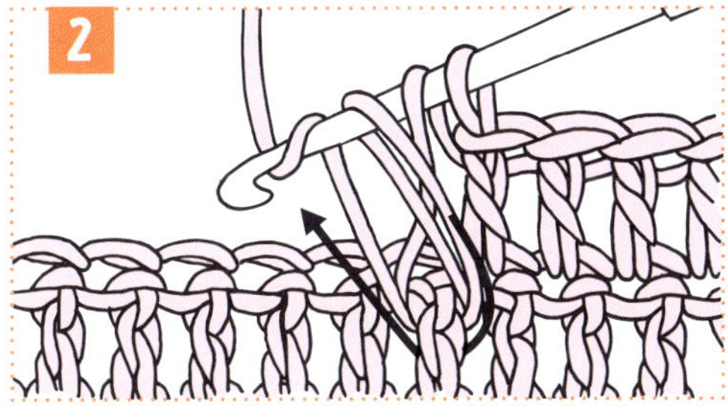

Hier wird ein Reliefstäbchen von vorne gezeigt. Arbeiten Sie die Umschläge wie gewohnt und stechen Sie dann statt in beide Maschenglieder von vorne nach hinten um den Maschenkörper der Vorreihe herum. Holen Sie den Faden und maschen Sie das Stäbchen wie gewohnt ab.

MASCHEN VERDOPPELN

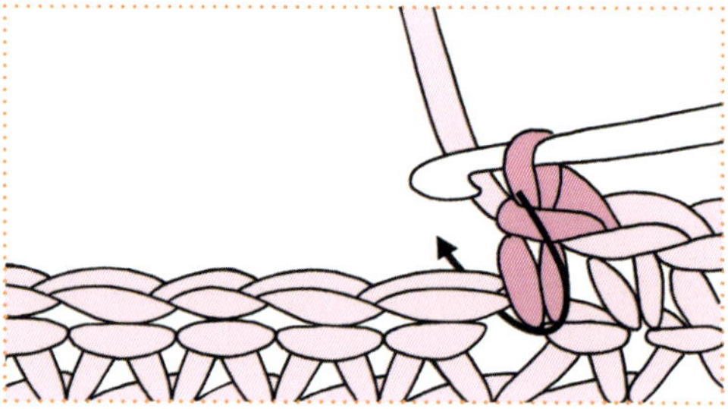

Um Maschen jeglicher Art zu verdoppeln, wird in eine Einstichstelle zweimal eingestochen, also hintereinander aus der gleichen Stelle heraus zweimal eine Masche gehäkelt.

MASCHEN ZUSAMMEN ABMASCHEN

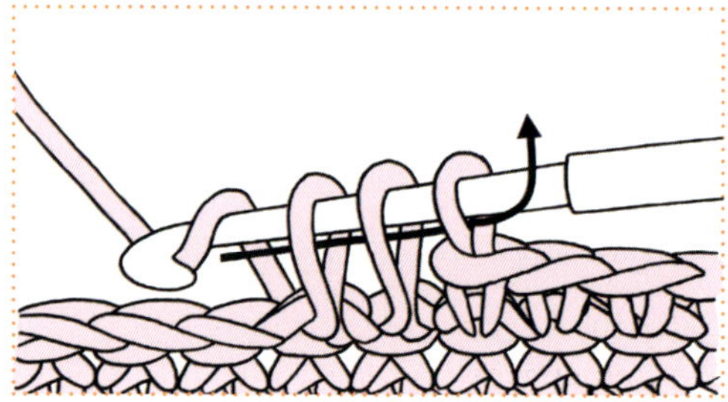

Um Maschen abzunehmen, werden sie zusammen abgemascht. Bei festen Maschen machen Sie das wie folgt: Die Nadel wie beim Häkeln einer festen Masche in die nächste Masche einstechen und den Faden holen, diese feste Masche jedoch nicht zu Ende häkeln. Stechen Sie nun in die nächste Masche ein und holen Sie den Faden erneut. Es liegen drei Schlingen auf der Nadel. Den Faden noch einmal holen und durch alle drei Schlingen ziehen. Dadurch hat sich die Maschenzahl um eine feste Masche verringert.

ABMASCHEN

Der Faden wird geholt und durch die beschriebene Anzahl von Schlingen gezogen.

RECHTS AUF RECHTS

Beim Zusammenhäkeln und/oder beim Zusammennähen am Ende einer Arbeit werden die „schönen Seiten" aufeinandergelegt. Das sind die Vorderseiten eines Musters bzw. die Seiten, auf denen die Fäden nicht vernäht werden.

ZUSAMMENNÄHEN

Beim Zusammennähen wird ein einfacher Heftstich verwendet. Dabei wird die Nadel auf und ab durch die zusammenzunähenden Teile geführt. Die Stiche nicht zu groß machen, in ca. 0,5–1 cm großen Abständen, passend je nach Muster und Garnqualität.

ABKÜRZUNGEN

Dstb	Doppelstäbchen
fM	feste Masche(n)
Hstb	halbe(s) Stäbchen
Km	Kettmasche(n)
LL	Lauflänge
M	Masche(n)
R	Reihe(n)
Rd	Runde(n)
RStb	Reliefstäbchen (v = vorne, h = hinten)
Stb	Stäbchen
wdh	wiederholen

SCHWIERIGKEITSGRADE

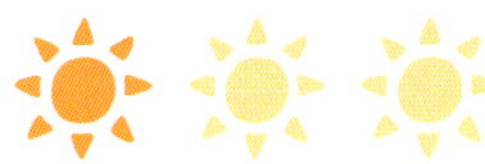
einfach

benötigt etwas Übung

fortgeschritten

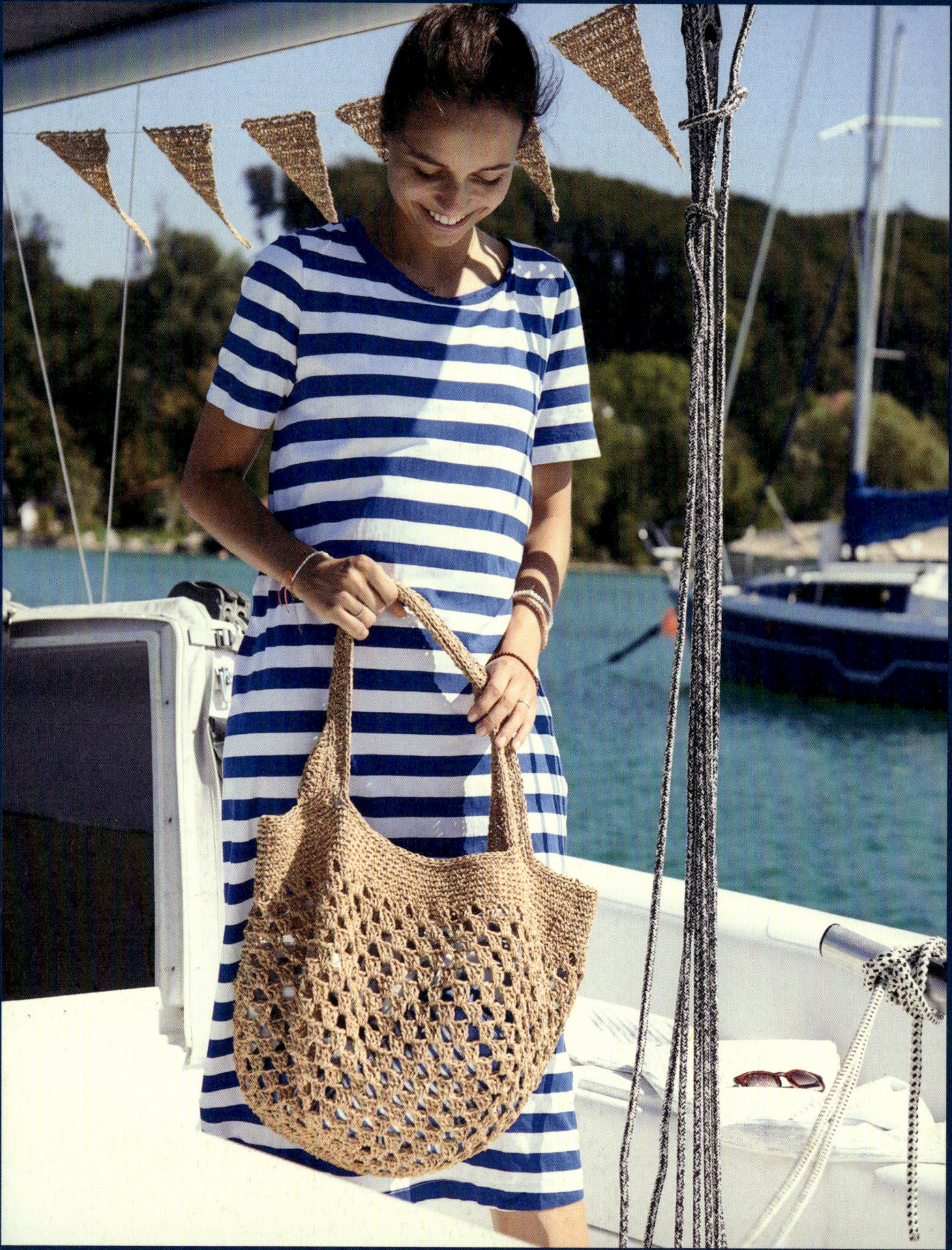

PROJEKTE

SONNENHUT XXL

mit Wow-Effekt

MASSE:

Durchmesser: ca. 42 cm

MATERIAL:

- Papiergarn: ca. 1½ Knäuel
- 3 Bänder: Breite 1 cm, Länge ca. 70–80 cm
- Häkelnadel: 4,5 mm

BEVOR SIE BEGINNEN:

Der Sonnenhut wird mittig von oben begonnen und nach unten gehäkelt. Durch ein paar Runden mehr oder weniger (inkl. mehr oder weniger Zu- oder Abnahmen) kann die Größe ganz leicht angepasst werden.

SO GEHT'S:

6 Lm mit 1 Km zum Kreis schließen.

1. Rd: 3 Lm (=1. Stb), 15 Stb in den Kreis häkeln. Die Rd mit 1 Km in die 3. Steige-Lm schließen.
2. Rd: 3 Lm (=1. Stb), Stb häkeln, jede M verdoppeln. Die Rd mit 1 Km in die 3. Steige-Lm schließen.
3. Rd: 3 Lm (= 1. Stb), Stb häkeln, jede 2. M verdoppeln. Die Rd mit 1 Km in die 3. Steige-Lm schließen.
4. Rd: 3 Lm (= 1. Stb), Stb häkeln, jede 3. M verdoppeln. Die Rd mit 1 Km in die 3. Steige-Lm schließen.
5. Rd: 3 Lm (= 1. tb), Stb häkeln, jede 4. M verdoppeln. Die Rd mit 1 Km in die 3. Steige-Lm schließen.
6. Rd: 3 Lm (= 1. Stb), Stb häkeln ohne Zunahme, wobei die Stb in das hintere M-Glied gehäkelt werden (dadurch entsteht eine dezente Kante). Die Rd mit 1 Km in die 3. Steige-Lm schließen.
7. Rd: 3 Lm (= 1. Stb), 1 Lm, 1 M auslassen, *1 Stb, 1 Lm, 1 M auslassen*, von * bis * wdh. Die Rd mit 1 Km in die 3. Steige-Lm schließen.
8. Rd: 3 Lm (= 1. Stb), Stb häkeln, dabei um jede Lm und auf jedes Stb der Vor-Rd 1 Stb häkeln. Die Rd mit 1 Km in die 3. Steige-Lm schließen.
9. Rd: Wie die 7. Rd häkeln.
10. Rd: Wie die 8. Rd häkeln.
11. Rd: Wie die 7. Rd häkeln.
12. Rd: Wie die 8. Rd häkeln.
13. Rd: 3 Lm (= 1. Stb), 1 Stb in die 1. M häkeln, *1 Lm, 1 M auslassen, 1 fM, 1 Lm, 1 M auslassen, 3 Stb in die folgende M häkeln*, von * bis * wdh. Die Rd mit 1 Stb in die 1. M beenden und mit 1 Km in die 3. Steige-Lm schließen.
14. Rd: 1 Lm, 1 fM in die 1. M häkeln, *1 Lm, 3 Stb auf die fM der Vor-Rd häkeln, 1 Lm, 1 fM auf das mittlere der 3 Stb der Vor-Rd häkeln, 1 Lm*, von * bis * weiter wdh. Die Rd mit 1 Km in die fM schließen.
15. Rd: 3 Lm (= 1. Stb), 2 Stb in die 1. M häkeln, *1 Lm, 1 fM auf das mittlere der 3 Stb der Vor-Rd häkeln, 1 Lm, 5 Stb auf die fM der Vor-Rd, 1 Lm*, von * bis * wdh. Die Rd mit

2 Stb in die 1. M beenden und mit 1 Km in die 3. Steige-Lm schließen.
16. Rd: 1 Lm, 1 fM in die 1. M häkeln, *1 Lm, 5 Stb auf die fM der Vor-Rd häkeln, 1 Lm, 1 fM auf das mittlere der 5 Stb der Vor-Rd häkeln, 1 Lm*, von * bis * wdh. Die Rd mit 1 Km in die fM schließen.
17. Rd: Wie die 15. Rd häkeln, nur statt der 1 fM zwischen den Stb-Bündeln werden 1 fM, 1 Lm, 1 fM auf das mittlere der 5 Stb der Vor-Rd gehäkelt.
18. Rd: Wie die 16. Rd häkeln, nur werden die 5 Stb nicht auf die fM der Vor-Rd gehäkelt, sondern um die Lm zwischen den beiden fM.
19. Rd: Wie die 17. Rd häkeln.
20. Rd: Wie die 18. Rd häkeln.

Fertigstellen: Fäden vernähen. Die Bänder in den Hut einweben und an der Rückseite zusammenfügen.

Im Anschluss die Krempe mit dem Dampfbügeleisen glatt bügeln.

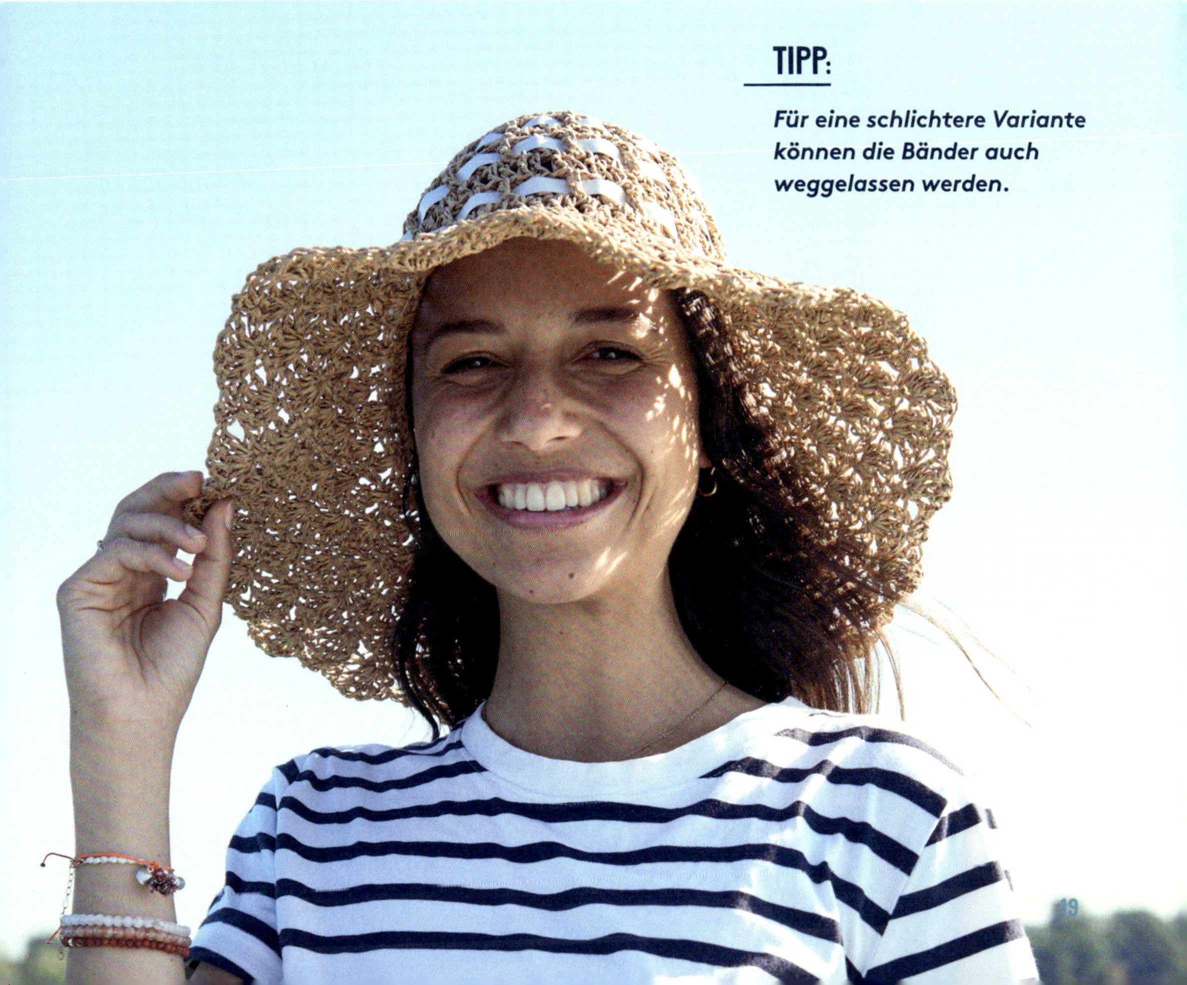

TIPP:

Für eine schlichtere Variante können die Bänder auch weggelassen werden.

TELLERUNTERSETZER

... Tischlein deck dich

MAßE:

Durchmesser Variante 1: ca. 45 cm
und Variante 2: ca. 36 cm

MATERIAL:

- Je Telleruntersetzer ca. ¼ Knäuel
- Häkelnadel: 4,5 mm

BEVOR SIE BEGINNEN:

Der Telleruntersetzer wird in Runden von innen nach außen gehäkelt. Die Größe kann durch ein paar Runden mehr oder weniger ganz einfach angepasst werden.

SO GEHT'S:

Variante 1 mit Löchern

6 Lm anschlagen und mit 1 Km zum Kreis schließen.

1. Rd: 3 Lm (= 1. Stb), 15 Stb in den Kreis häkeln. Die Rd mit 1 Km in die 3. Steige-Lm schließen.
2. Rd: 3 Lm (= 1. Stb), *2 Lm, 1 Stb auf das folgende Stb der Vor-Rd*, von* bis* wdh. Die Rd mit 2 Lm beenden und mit 1 Km in die 3. Steige-Lm schließen.
3. Rd: 3 Lm (= 1. Stb), Stb häkeln, dabei um die 2 Lm der Vor-Rd 2 Stb häkeln und auf jedes Stb der Vor-Rd 1 Stb häkeln. Die Rd mit 1 Km in die 3. Steige-Lm schließen.
4. Rd: 3 Lm (= 1. Stb), *2 Lm, 1 M auslassen, 1 Stb*, von* bis* wdh. Die Rd mit 2 Lm beenden und mit 1 Km in die 3. Steige-Lm schließen.
5.–9. Rd: Die 3. und 4. Rd im Wechsel wdh.
10. Rd: Abschlussrunde: 1 Lm, 1 fM in die 1. M der Vor-Rd, 3 Lm, 2 Stb in die fM häkeln, 2 M auslassen, *1 fM, 3 Lm, 2 Stb in die fM häkeln, 2 M auslassen*, von* bis* wdh. Die Rd mit 1 Km schließen.

Fertigstellen: Fäden vernähen und den Telleruntersetzer mit dem Dampfbügeleisen glatt bügeln.

Variante 2 mit Muschelrand

5 Lm anschlagen und mit 1 Km zum Ring schließen.

1. Rd: 3 Lm (= 1. Stb), 15 Stb häkeln. Die Rd mit 1 Km in die 3. Steige-Lm schließen.
2. Rd: 3 Lm (= 1. Stb), Stb häkeln, jede M verdoppeln. Die Rd mit 1 Km in die 3. Steige-Lm schließen.
3. Rd: 3 Lm (= 1. Stb), Stb häkeln, jede 2. M verdoppeln. Die Rd mit 1 Km in die 3. Steige-Lm schließen.
4. Rd: 3 Lm (= 1. Stb), Stb häkeln, jede 3. M verdoppeln. Die Rd mit 1 Km in die 3. Steige-Lm schließen.
5. Rd: 3 Lm (= 1. Stb), Stb häkeln, jede 4. M verdoppeln. Die Rd mit 1 Km in die 3. Steige-Lm schließen.

6. Rd: 3 Lm (= 1. Stb), Stb häkeln, jede 5. M verdoppeln. Die Rd mit 1 Km in die 3. Steige-Lm schließen.

7. Rd: 3 Lm (= 1. Stb), Stb häkeln, jede 6. M verdoppeln. Die Rd mit 1 Km in die 3. Steige-Lm schließen.

8. Rd: 3 Lm (= 1. Stb), Stb häkeln, jede 7. M verdoppeln. Die Rd mit 1 Km in die 3. Steige-Lm schließen.

9. Rd: 3 Lm (= 1. Stb), Stb häkeln, jede 8. M verdoppeln. In dieser Runde werden die Stb in das hintere M-Glied der Vor-Rd gehäkelt, dadurch entsteht eine feine, dekorative Linie. Die Rd mit 1 Km in die 3. Steige-Lm schließen.

10. Rd: 3 Lm (= 1. Stb), 1 Stb in die 1. M häkeln, 2 Lm, 2 M auslassen, * in die folgende M: 2 Stb häkeln, 2 Lm, 2 M auslassen *, von * bis * wdh. Die Rd mit 1 Km in die 3. Steige-Lm schließen.

11. Rd: 1 Km zwischen die Stb der Vor-Rd häkeln. 1 Lm, 1 fM zwischen diese Stb häkeln, 5 Lm, * 1 fM zwischen die nächsten 2 Stb der Vor-Rd häkeln, 5 Lm *, von * bis * wdh. Die Rd mit 1 Km schließen.

12. Rd: 2 Km in die Mitte des Bogens häkeln. 1 Lm, 1 fM in dieselbe mittlere Lm des Bogens häkeln, * 5 Lm, in die mittlere Lm des nächsten Bogens auch 1 fM häkeln, weiter in den folgenden Bogen: 7 Stb häkeln, 1 fM in die mittlere Lm des nächsten Lm-Bogens häkeln *, von * bis * wdh. Die Rd mit 1 Km schließen.

13. Rd: 2 Km in die Mitte des Bogens häkeln. 1 Lm, 1 fM in dieselbe mittlere M häkeln, * auf die Stb der Vor-Rd wieder Stb häkeln, wobei auf das 1. und auf das 7. Stb der Vor-Rd jeweils nur 1 Stb häkeln und in das 2.–6. Stb der Vor-Rd jeweils 2 Stb arbeiten, 1 fM in die mittlere Lm des folgenden Bogens *, von * bis * wdh. Die Rd mit 1 Km schließen.

Fertigstellen: Fäden vernähen und den Telleruntersetzer mit dem Dampfbügeleisen glatt bügeln.

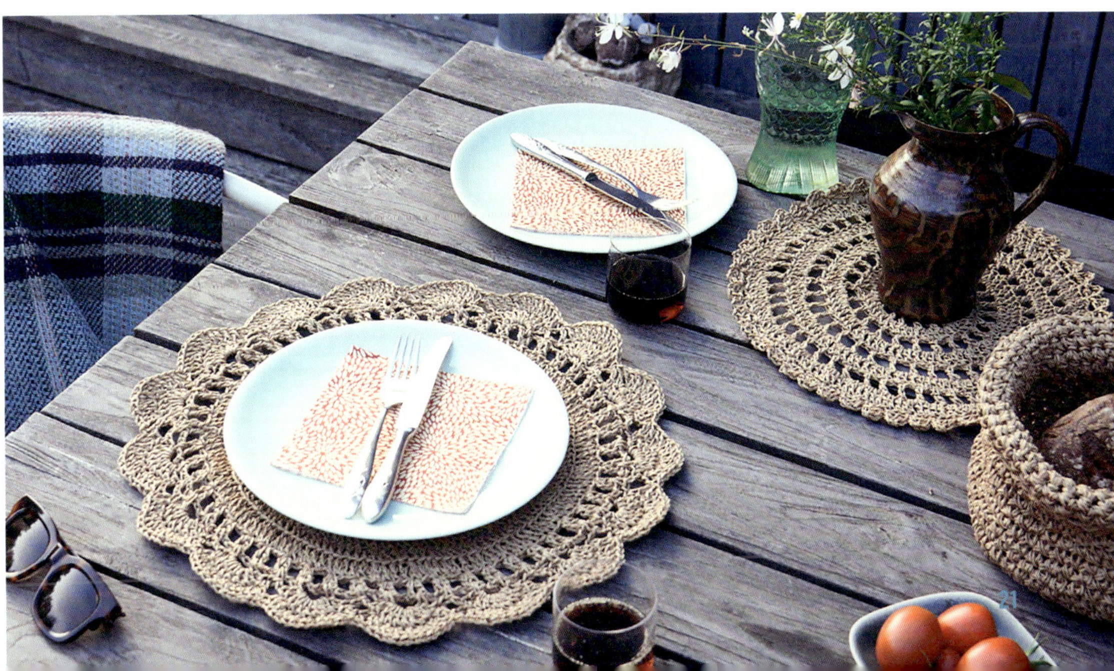

CLUTCH

... chic und alles dabei

MAẞE:

Höhe: ca. 15 cm
Breite: ca. 28 cm

MATERIAL:

- Papiergarn: ca. 1 Knäuel
- 1 Knopf: Durchmesser ca. 2,5 cm
- Häkelnadel: 4,5 mm

BEVOR SIE BEGINNEN:

Das Muster wird als Rechteck gehäkelt, dann seitlich zusammengenäht und gewendet. Die Clutch kann ganz einfach durch mehr oder weniger Reihen bzw. Lm-Anschläge ganz einfach kleiner oder größer gehäkelt werden. Beim Lm-Anschlag ist nur zu beachten, dass die Maschenzahl durch 3 teilbar ist, plus 1, damit das Muster aufgeht.

TIPP:

Mit einem Träger wird im Nu eine praktische Handtasche aus der Clutch.

SO GEHT'S:

43 Lm (42 + 1) anschlagen.

1. R: 3 Lm (= 1. Stb), Stb häkeln.
2. R: 3 Lm (= 1. Stb), *2 Rstbv, 1 Stb*, von* bis* wdh. Wenden.
3. R: 3 Lm (= 1. Stb), *2 Stb, 1 Rstbv*, von* bis* wdh. Wenden.
4.–26. R: Die 2. und 3. R im Wechsel stets wdh.
27. R: 1 Lm (= 1. fM), 19 fM häkeln, 3 Lm, 3 M auslassen (= Knopfloch), 20 fM häkeln.

Das Rechteck hat nun eine Breite von ca. 27 cm und eine Höhe von ca. 36 cm.

Nun wird das Rechteck rechts auf rechts (das Muster liegt innen) ca. ⅔ zusammengelegt und seitlich zusammengenäht mit einfachen, kleinen Heftstichen. Anschließend wird zurückgewendet.

Fertigstellen: Fäden vernähen und den Kopf annähen.

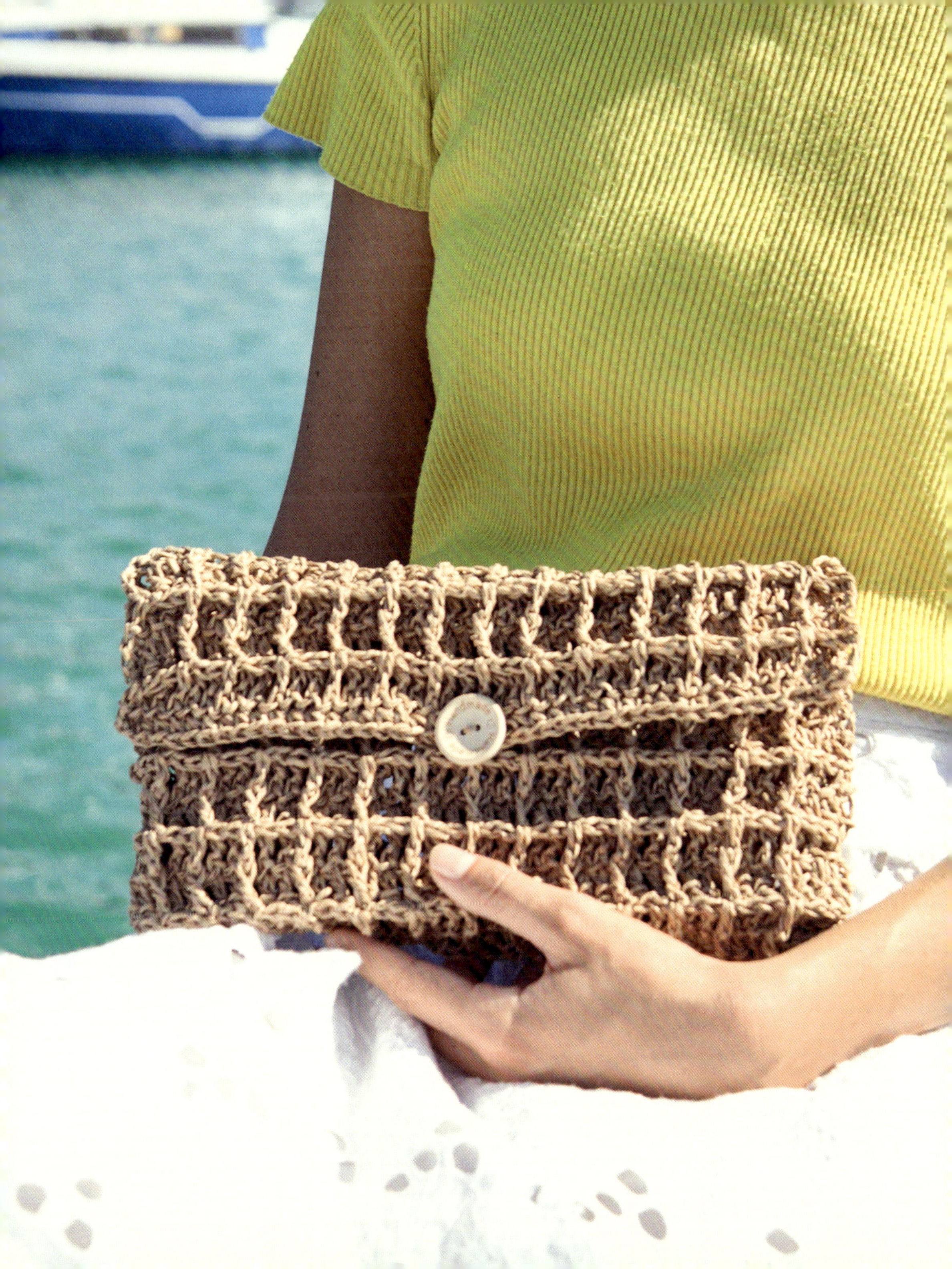

WIMPELKETTE

... einfach sommerlich dekorativ

MAẞE:

Breite: 13 cm
Höhe: 20 cm

MATERIAL:

- Papiergarnreste
- Schnur nach Belieben
- Häkelnadel: 4,5 mm

BEVOR SIE BEGINNEN:

Die Dreiecke werden an der Spitze begonnen und mit seitlichen Zunahmen gehäkelt. Dadurch können sie ganz leicht durch ein paar Reihen mehr oder weniger auch größer oder kleiner gehäkelt werden..

TIPP:

Mit buntem Garn kann daraus eine lustige Faschings- oder Geburtstagsgirlande werden.

SO GEHT'S:

4 Lm anschlagen

1. R: In die 1. Lm (also in die 4. M ab der Nadel) einstechen und 1 Stb häkeln. Wenden.
2. R: 3 Lm (= 1. Stb), 1 weiteres Stb in die 1. M und 2 Stb in die 3. Steige-Lm häkeln. Wenden.
3. R: 3 Lm (= 1. Stb). 1 weiteres Stb in die 1. M häkeln, 2 Stb auf die 2 Stb der Vor-R und in die 3. Steige-Lm 2 Stb arbeiten. Wenden.
4. R: 3 Lm (= 1. Stb). 1 weiteres Stb in die 1. M häkeln, 4 Stb auf die 4 Stb der Vor-R und in die 3. Steige-Lm 2 Stb arbeiten. Wenden.
5. – 11. R: Nach demselben Prinzip weiterhäkeln → zu Beginn und am Ende der Reihe werden immer 2 Stb in M gehäkelt.
12. R: 1 Lm, 1 fM, *1 Lm, 1 M auslassen, 1 fM*, von* bis* wdh.

Für die Girlande noch 5 weitere oder auch mehr Dreiecke häkeln.

Fertigstellen: Fäden vernähen. Eine Schnur mit beliebiger Länge abschneiden und diese an der breiten Dreieckskante durch die Lm-Löcher fädeln.

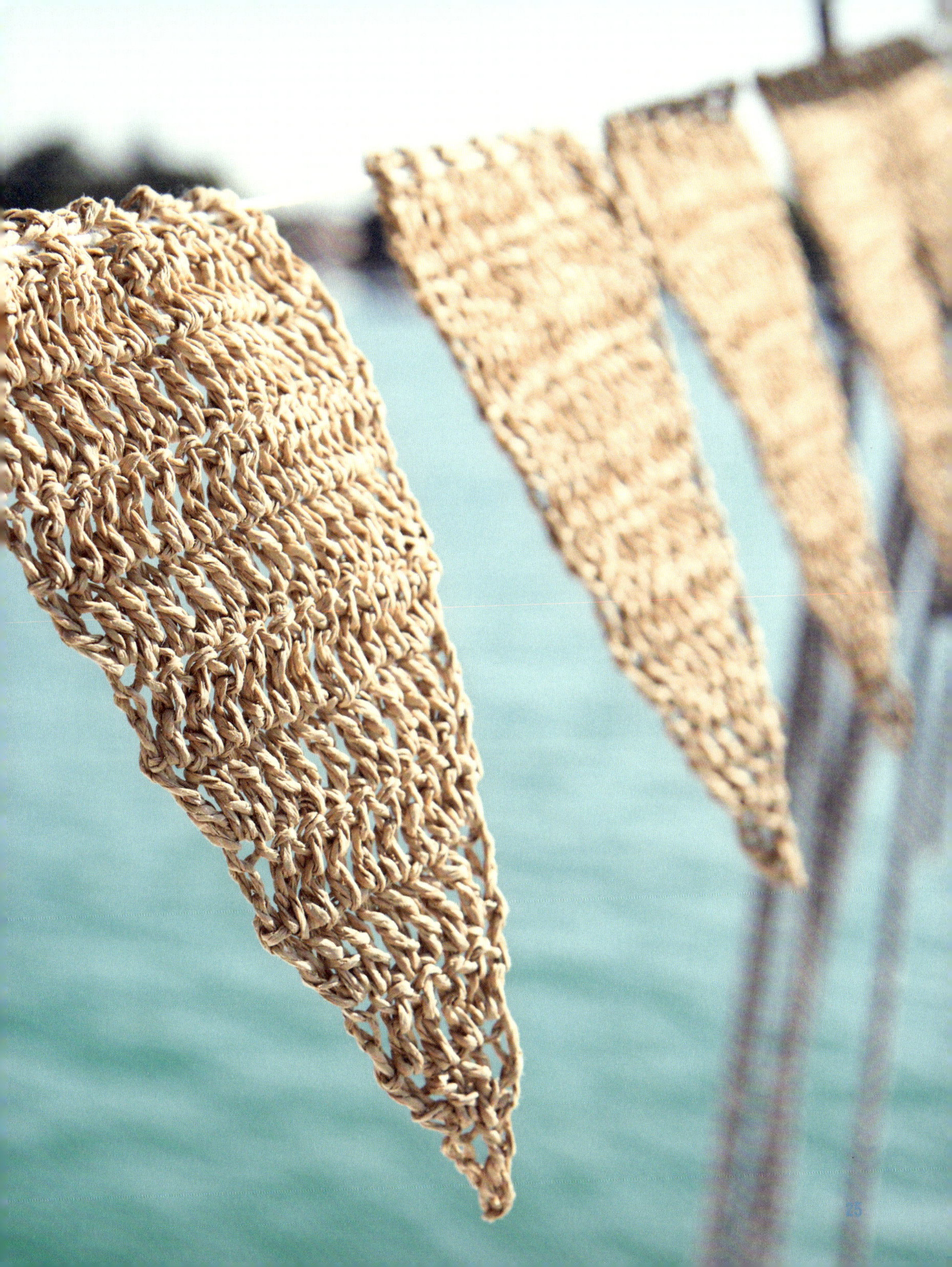

HANDTASCHE

... passt einfach immer

MAẞE:

Seitenkanten: ca. 16 cm
Durchmesser: ca. 30 cm

MATERIAL:

- Papiergarn: ca. 1 Knäuel
- 4 Holzringe: Durchmesser 50 mm
- Häkelnadel: 4,5 mm

BEVOR SIE BEGINNEN:

Die Größe der Tasche kann einfach angepasst werden, indem Sie ein paar Runden mehr oder weniger häkeln.

SO GEHT'S:

Es werden 2 gleich große Sechsecke gehäkelt. Für das 1. Sechseck 5 Lm anschlagen und mit 1 Km zu einem Ring schließen.

1. Rd: 3 Lm (= 1. Stb), 2 Lm (= 1. Ecke), 3 Stb in den Ring häkeln, 2 Lm (= 2. Ecke), 3 Stb in den Ring, 2 Lm (= 3. Ecke), 3 Stb in den Ring, 2 Lm (= 4. Ecke), 3 Stb in den Ring, 2 Lm (= 5. Ecke), 3 Stb in den Ring, 3 Lm (= 6. Ecke), 2 Stb. Die Rd mit 1 Km in die 3. Steige-Lm schließen.
2. Rd: 1 Km in das 1. Eck-Lm-Loch häkeln, um in der 1. Ecke zu starten: 3 Lm (= 1. Stb), 2 Lm, 1 Stb in das gleiche 1. Eck-Lm-Loch häkeln, 3 Stb auf die Stb der Vor-Rd, in das 2. Eck-Lm-Loch: 1 Stb, 2 Lm, 1 Stb häkeln, 3 Stb über die 3 Stb der Vor-Rd, in das 3. Eck-Lm-Loch: 1 Stb, 2 Lm, 1 Stb, ... für alle weiteren Seiten und Ecken wie zuvor vorgehen. Die Runde mit 1 Km in die 3. Steige-Lm schließen.
3. Rd: Genauso wie in der 2. Rd vorgehen, nur dass an jeder Kante 5 Stb auf die 5 Stb der Vor-Rd gehäkelt werden.
4. Rd: Genauso wie in der 3. Rd vorgehen, nur dass an jeder Kante 7 Stb auf die 7 Stb der Vor-Rd gehäkelt werden.
5. Rd: Genauso wie in der 4. Rd vorgehen, nur dass an jeder Kante 9 Stb auf die 9 Stb der Vor-Rd gehäkelt werden.
6. Rd: Genauso wie in der 5. Rd vorgehen, nur dass an jeder Kante 11 Stb auf die 11 Stb der Vor-Rd gehäkelt werden.
7. Rd: Genauso wie in der 6. Rd vorgehen, nur dass an jeder Kante 13 Stb auf die 13 Stb der Vor-Rd gehäkelt werden.
8. Rd: Genauso wie in der 7. Rd vorgehen, nur dass an jeder Kante 15 Stb auf die 15 Stb der Vor-Rd gehäkelt werden.
9. Rd: Genauso wie in der 8. Rd vorgehen, nur dass an jeder Kante 17 Stb auf die 17 Stb der Vor-Rd gehäkelt werden.

Anfangs- und Endfaden vernähen und für das 2. Sechseck genauso vorgehen.
Beide Teile rechts auf rechts übereinanderlegen, das Garn an einer Seite anschlingen und beide Teile über zwei Drittel der Außenkante mit Km zusammenhäkeln.
Nun die obere Taschenöffnung mit 1 Rd Km in

das hintere M-Glied umhäkeln.
Dann die 4 Holzringe an den 4 Taschenecken der Öffnung annähen (siehe Foto).

Träger:

Es werden 2 Träger gehäkelt, die jeweils an 2 Holzringen befestigt werden.

120 Lm anschlagen.
1.–3. R: 1 Lm, 120 fM häkeln.

Nun wird der Träger der Länge nach zusammengelegt und mit Km zusammengehäkelt.

Fertigstellen: Die Träger an die Holzringe nähen.

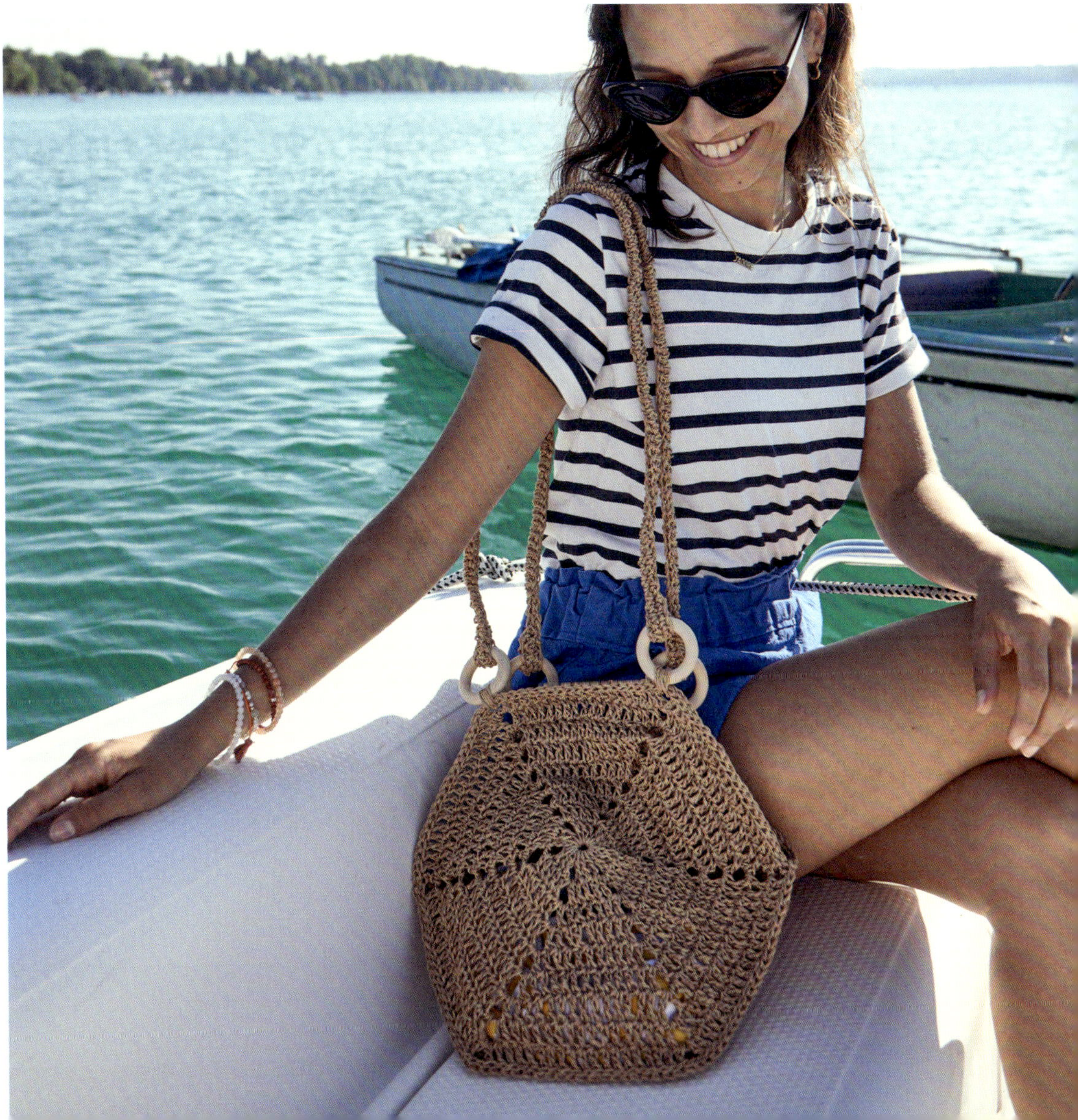

WINDLICHT

... dekorativ am Tag – romantisch am Abend

MAẞE:

Glashöhe: ca. 26 cm

MATERIAL:

- Papiergarn: ca. 1 Knäuel
- Häkelnadel: 4,5 mm

BEVOR SIE BEGINNEN:

Wenn Sie eine andere Glasgröße verwenden, ist das kein Problem. Der Glasboden wird durch mehr oder weniger Runden größer oder kleiner gehäkelt und die Höhe wird nach demselben Prinzip angepasst.

SO GEHT'S:

Grundprinzip des Kreishäkelns mit Hstb (für den Glasboden):

1. Rd: 3 Lm, dann 8 Hstb in die 3. Lm von der Nadel aus. Die Rd mit 1 Km in die 2. Steige-Lm schließen.

2. Rd: 2 Lm (= 1. Hstb), jede M verdoppeln. Die Rd mit 1 Km in die 2. Steige-Lm schließen.

3. Rd: 2 Lm (= 1. Hstb), jede 2. M verdoppeln. Die Rd mit 1 Km in die 2. Steige-Lm schließen.

4. Rd: 2 Lm (= 1. Hstb), jede 3. M verdoppeln. Die Rd mit 1 Km in die 2. Steige-Lm schließen.

5. Rd: 2 Lm (= 1. Hstb), jede 4. M verdoppeln. Rd mit 1 Km in die 2. Steige-Lm schließen.

6. Rd: 2 Lm (= 1. Hstb), jede 5. M verdoppeln. Die Rd mit 1 Km in die 2. Steige-Lm schließen.

7. Rd: 2 Lm (= 1. Hstb), Hstb ohne Zunahme in das hintere M-Glied häkeln. Die Rd mit 1 Km in die 2. Steige-Lm schließen.

8. Rd: 2 Lm (= 1. Hstb), Hstb häkeln. Die Rd mit 1 Km in die 2. Steige-Lm schließen.

9. Rd: 3 Lm (= 1. Stb), Stb häkeln. Die Rd mit 1 Km in die 3. Steige-Lm schließen.

Ab der 10. Runde wird das V-Muster gehäkelt:

10. Rd: 3 Lm (= 1. Stb), 1 Lm, 1 Stb in die gleiche 1. M häkeln, *2 M auslassen, in die folgende M: 1 Stb, 1 Lm, 1 Stb häkeln*, von* bis* wdh. Die Rd mit 1 Km in die 3. Steige-Lm schließen.

11. Rd: 1 Km zur Lm häkeln, um im V mit der nächsten Rd zu beginnen: 3 Lm (= 1. Stb), 1 Lm, 1 Stb um die gleiche Lm der Vor-Rd häkeln, *2 M auslassen, in die folgende M: 1 Stb, 1 Lm, 1 Stb häkeln*, von* bis* wdh. Die Rd mit 1 Km in die 3. Steige-Lm schließen.

12.–21. Rd: Wie die 11. Rd häkeln.

22. Rd: 3 Lm (= 1. Stb), Stb häkeln, auf jedes Stb und um jede Lm der Vor-Rd 1 Stb häkeln. Die Rd mit 1 Km in die 3. Steige-Lm schließen.

Die letzten Runden mit Glas häkeln:

23. Rd: 3 Lm (= 1. Stb), 1 Lm, 1 M auslassen, *1 Stb, 1 Lm, 1 M auslassen*, von* bis* wdh. Rd mit 1 Km in die 3. Steige-Lm schließen.

24. Rd: 1 Lm, fM häkeln. Die Rd mit 1 Km schließen.
25. Rd: 1 Lm, 1 fM, *1 M auslassen, in die folgende M: 3 Dstb, 1 Lm, 3 Dstb häkeln, 1 M auslassen, 1 fM*, von* bis* wdh.

Fertigstellen: Fäden vernähen. Um den Hals des Glases das Papiergarn mehrmals herumwickeln und eine Schleife binden.

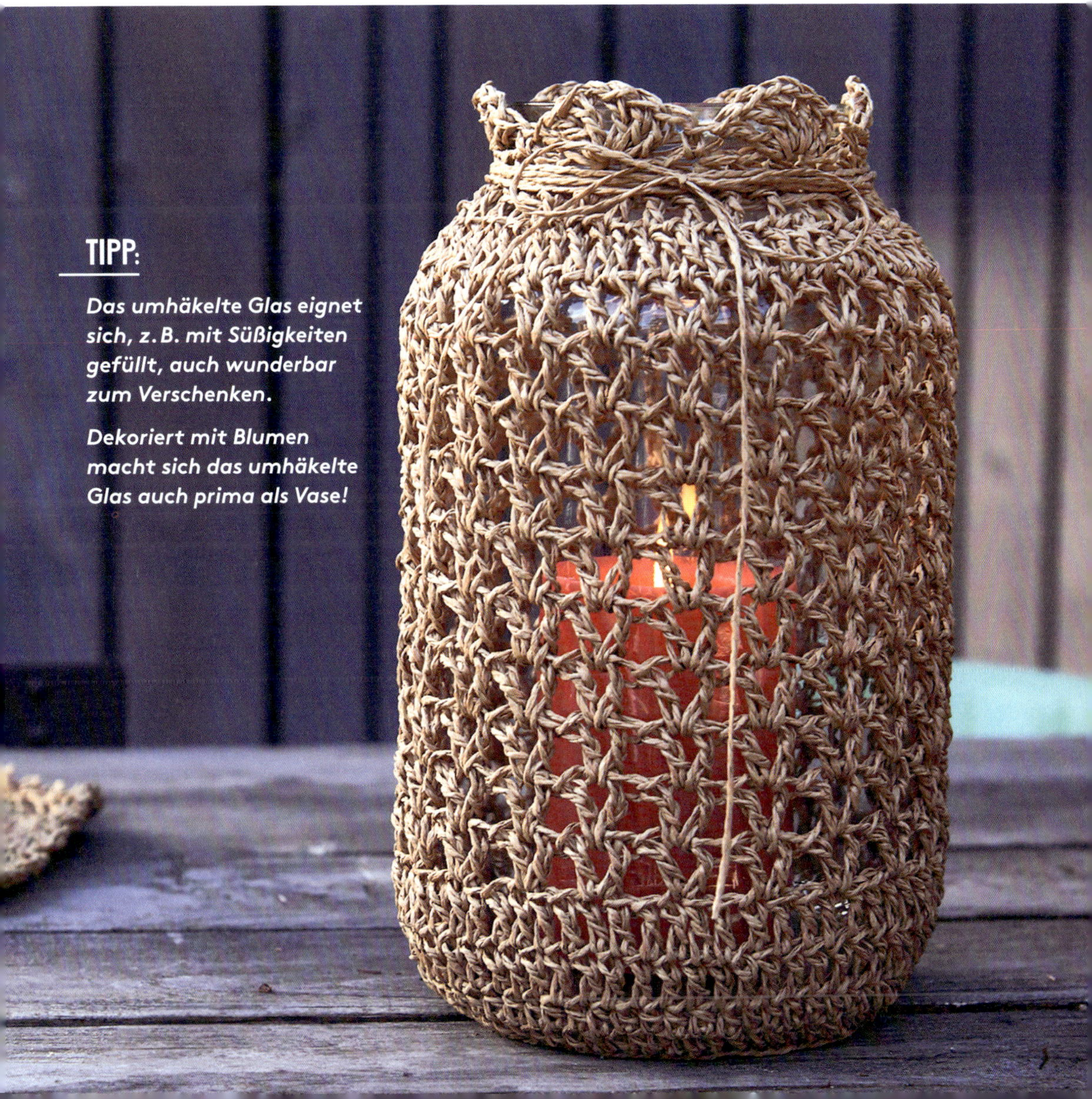

TIPP:

Das umhäkelte Glas eignet sich, z. B. mit Süßigkeiten gefüllt, auch wunderbar zum Verschenken.

Dekoriert mit Blumen macht sich das umhäkelte Glas auch prima als Vase!

KLEINE HÄNGELICHTER

... leuchtende Hingucker

MAẞE:

Glashöhe: ca. 10 cm
Durchmesser: ca. 8 cm

MATERIAL:

- Papiergarn: ca. ½ Knäuel
- Häkelnadel: 4,5 mm

BEVOR SIE BEGINNEN:

Wenn Sie eine andere Glasgröße verwenden, ist das kein Problem. Der Glasboden wird einfach größer oder kleiner gehäkelt und die Höhe wird durch mehr oder weniger Runden angepasst. Da hier der Boden sehr klein ist, wird nur 1x verdoppelt. Für die weiteren Runden würden dann jede 2., jede 3., jede 4. M usw. verdoppelt werden.

SO GEHT'S:

Grundprinzip des Kreishäkelns mit Stb (für den Glasboden):
1. Rd: 4 Lm, dann 14 Stb in die 4. Lm von der Nadel aus. Die Rd mit 1 Km in die 3. Steige-Lm schließen.
2. Rd: 3 Lm (= 1. Stb), jede M verdoppeln. Die Rd mit 1 Km in die 3. Steige-Lm schließen. Für kleine Gläschen reicht die Zunahme, sonst wie oben erklärt, weiter je Runde: jede 2. M, jede 3. M usw. zunehmen.
3. Rd: 3 Lm (= 1. Stb), Stb in das hintere M-Glied häkeln. Die Rd mit 1 Km in die 3. Steige-Lm schließen.
4. Rd: Netzmuster: *3 Lm, 2 M auslassen, 1 fM*, von* bis* wdh. In Spiralrunden weiterhäkeln, d.h. die Runde nicht mit einer Km schließen, sondern direkt in der nächsten Rd weiterhäkeln.
5.–10. Rd: Damit das Netzmuster versetzt wird, die fM um den Lm-Bogen der Vor-Rd häkeln, dazwischen immer 3 Lm häkeln.
11. Rd: Abschlussrunde: In jeden Lm-Bogen 3 fM häkeln.

Träger/Henkel

Zum Aufhängen direkt 40 Lm weiterhäkeln, 8 M frei lassen, 1 Km. Den Faden abschneiden.

Für den 2. Henkel wieder 8 M auslassen, den Faden neu anschlingen, 40 Lm häkeln, 8 M auslassen, 1 Km.

Fertigstellen: Fäden vernähen.

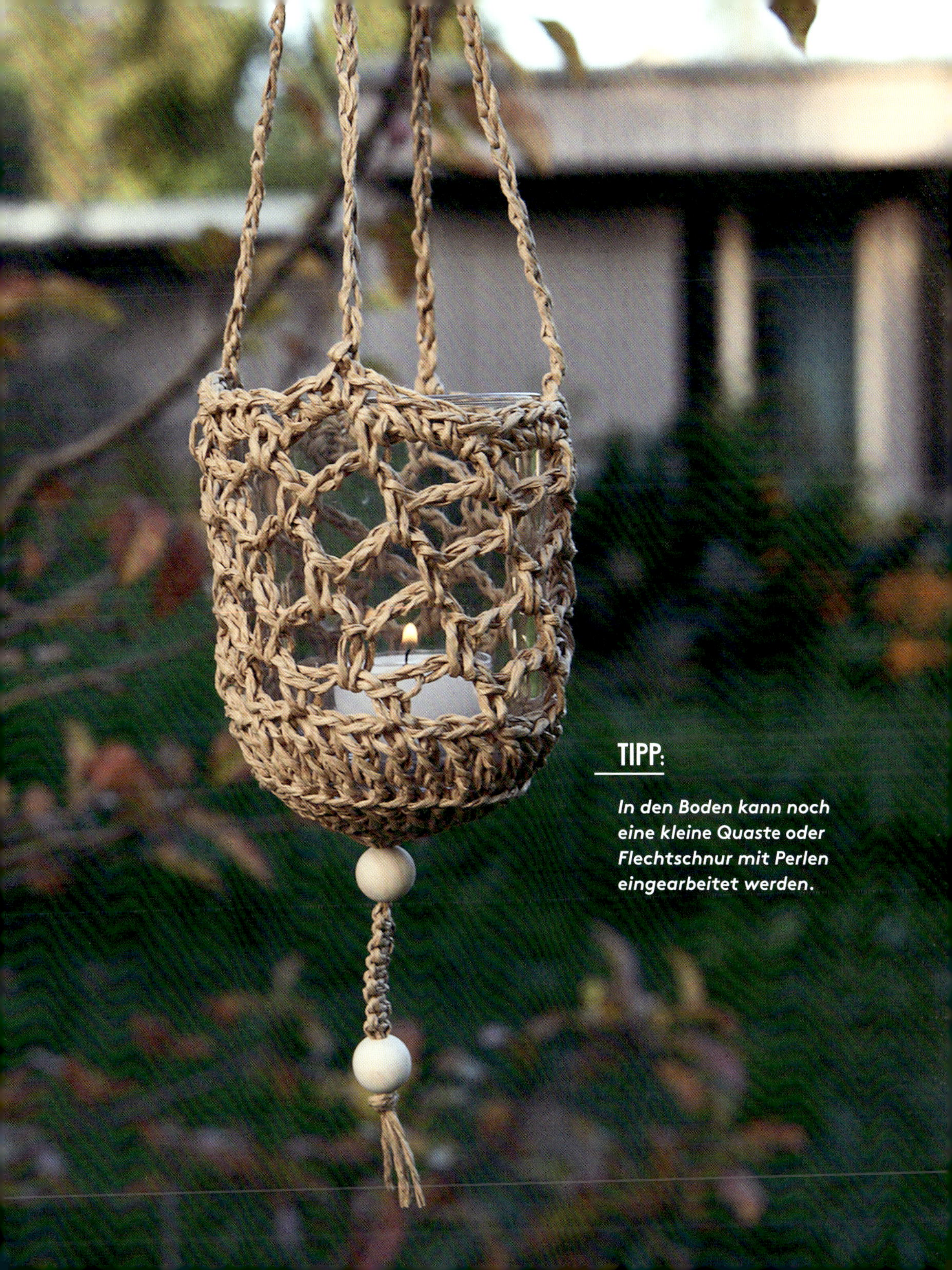

TIPP:

In den Boden kann noch eine kleine Quaste oder Flechtschnur mit Perlen eingearbeitet werden.

HANDYTÄSCHCHEN

... klein, praktisch und immer dabei

MAßE:

Länge: ca. 18 cm
Breite: ca. 10 cm

MATERIAL:

- Papiergarn: ca. ½ Knäuel
- Häkelnadel: 4,5 mm

BEVOR SIE BEGINNEN:

Das Handytäschchen kann einfach an jede Smartphone-Größe angepasst werden, indem Sie ein paar Maschen und/oder Runden mehr oder weniger häkeln. Dafür halten Sie den Luftmaschenanschlag an die Breite des Gerätes, beachten Sie dabei aber, dass sich der Anschlag durch Häkeln des Musters nach 1–2 Runden etwas zusammenziehen kann. Das Täschchen wird von unten nach oben in Spiralrunden gehäkelt, d.h. die Runden werden nicht mit einer Kettmasche geschlossen.

TIPP:

Etwas größer gehäkelt, lässt sich aus dem kleinen Täschchen auch eine schöne Tablet-Hülle zaubern.

SO GEHT'S:

15 Lm anschlagen.

Tasche

1. Rd: 1 Lm, in die 2. M von der Nadel aus einstechen und 15 fM häkeln. Am Ende der Reihe in die letzte Masche (= 1. M des Lm-Anschlags) noch zusätzlich 2 fM arbeiten. Weiter auf der anderen Seite des Lm-Anschlags 14 fM zurückhäkeln und in die letzte Masche noch zusätzlich 1 fM häkeln. Die Runde mit 1 Km schließen.
2.–25. Rd: 1 Lm, 1 fM in die 1. M häkeln, *1 Lm, 1 M auslassen, 1 fM*, von* bis* in Spiralrunden wdh, d.h. das Muster wird direkt in der nächsten Runde versetzt weitergehäkelt. Um jede Lm der Vor-Rd wird 1 fM und über jede fM der Vor-Rd 1 Lm gehäkelt.

Träger

Am Ende der 25 Runden oder wenn die gewünschte Größe erreicht ist, wird direkt der Träger weitergehäkelt: 220 Lm anschlagen, 1 Km in die gegenüberliegende Seite des Täschchens arbeiten und Km zum Anfang der Lm-Kette zurückhäkeln.

Fertigstellen: Fäden vernähen.

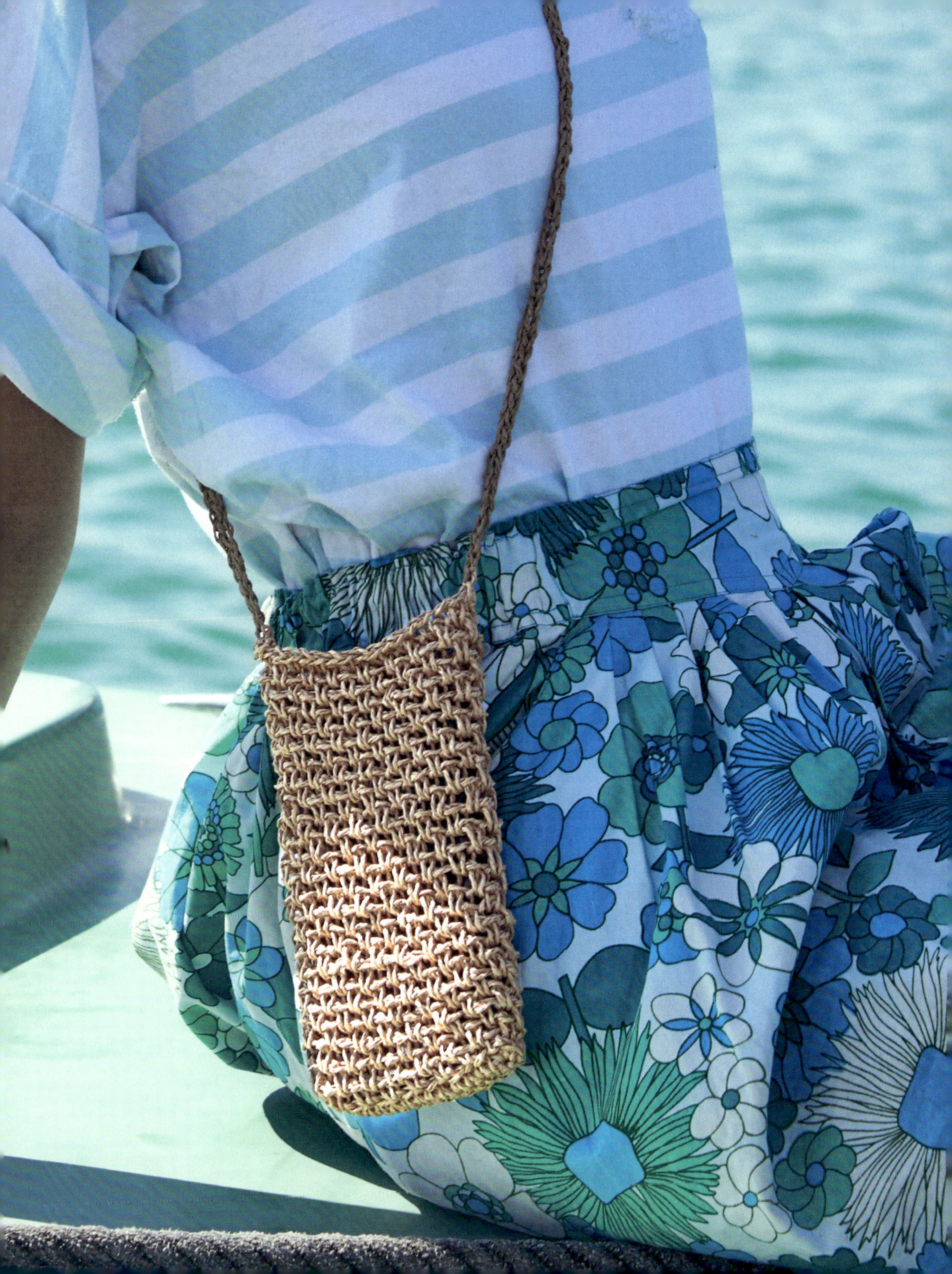

SONNENHUT MIT PERLEN

... schön geschützt

MAẞE:

Durchmesser: ca. 35 cm

MATERIAL:

- Papiergarn: ca. 1 Knäuel
- 21 Holzperlen: Durchmesser 14 mm
- Häkelnadel: 4,5 mm

BEVOR SIE BEGINNEN:

Der Sonnenhut wird mittig von oben begonnen und nach unten gehäkelt. Durch ein paar Runden mehr oder weniger (inkl. mehr oder weniger Zu- oder Abnahmen) kann die Größe ganz leicht angepasst werden.

SO GEHT'S:

1. Rd: 3 Lm, 11 fM in die 1. Lm bzw. in die 3. Lm von der Nadel aus häkeln. Die Rd mit 1 Km in die oberste Steige-Lm schließen.
2. Rd: 2 Lm (= 1. Hstb), Hstb häkeln, jede M verdoppeln. Die Rd mit 1 Km in die 2. Steige-Lm schließen.
3. Rd: 2 Lm (= 1. Hstb), Hstb häkeln, jede 2. M verdoppeln. Die Rd mit 1 Km in die 2. Steige-Lm schließen.
4. Rd: 2 Lm (= 1. Hstb), Hstb häkeln, jede 3. M verdoppeln. Die Rd mit 1 Km in die 2. Steige-Lm schließen.
5. Rd: 2 Lm (= 1. Hstb), Hstb häkeln, jede 4. M verdoppeln. Die Rd mit 1 Km in die 2. Steige-Lm schließen.
6. Rd: 2 Lm (= 1. Hstb), Hstb häkeln, jede 5. M verdoppeln. Die Rd mit 1 Km in die 2. Steige-Lm schließen.
7. Rd: 2 Lm (= 1. Hstb), Hstb häkeln, jede 12. M verdoppeln. Die Rd mit 1 Km in die 2. Steige-Lm schließen.
8. Rd: 2 Lm (= 1. Hstb), Hstb häkeln, jede 13. M verdoppeln. Die Rd mit 1 Km in die 2. Steige-Lm schließen.
9.–19. Rd: 2 Lm (= 1. Hstb), Hstb ohne Zunahme in Spiralrunden häkeln, d.h. die Runden nicht mit 1 Km schließen, sondern direkt in der nächsten Runde weiterhäkeln. (Rd evtl. mit einem Maschenmarkierer kennzeichnen)
20. Rd: Hstb häkeln, jede 3. M verdoppeln.
21. Rd: Hstb häkeln, jede 7. M verdoppeln.
22. Rd: Abschlussrunde: 1 Lm, 1 fM in die 1. M häkeln, *2 M auslassen, in die folgende M: 3 Stb, 1 Lm, 3 Stb häkeln, 2 M auslassen, 1 fM*, von* bis* wdh. Die Rd mit 1 Km schließen.

Fertigstellen: Fäden vernähen. Einen Papiergarn-Faden durch die 16. Rd fädeln, dabei alle 2 Stb hoch und tief stechen und immer an der Außenseite 1 Perle auffädeln.

Im Anschluss die Krempe mit dem Dampfbügeleisen glatt bügeln.

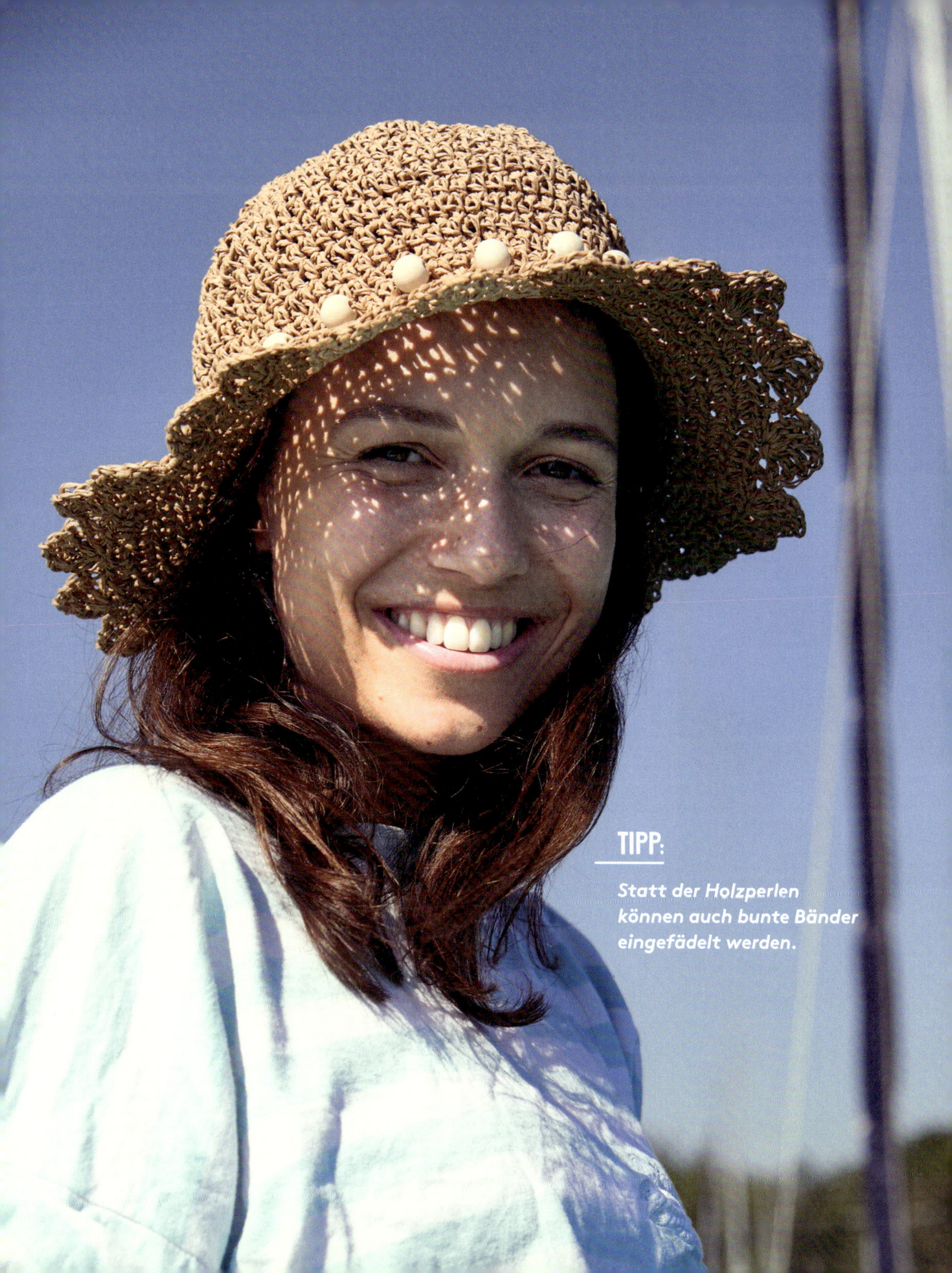

TIPP:

Statt der Holzperlen können auch bunte Bänder eingefädelt werden.

GLASDECKEL

... schön sicher abgedeckt trinken

MAßE:

Durchmesser Glas: ca. 9 cm

MATERIAL:

- Papiergarnreste
- Häkelnadel: 4,5 mm

BEVOR SIE BEGINNEN:

Der Insektenschutz wird mit Hstb gehäkelt und beginnt oben mittig, wo der Strohhalm durchgesteckt wird.

TIPP:

Ohne das mittige Loch und etwas größer gehäkelt, können damit auch Schüsseln abgedeckt werden.

SO GEHT'S:

6 Lm anschlagen, mit 1 Km zu einem Ring schließen.

1. Rd: 2 Lm (= 1. Hstb), 13 Hstb in den Ring häkeln. Die Rd mit 1 Km in die 2. Steige-Lm schließen.
2. Rd: 2 Lm (= 1. Hstb), jede M verdoppeln, in jede M der Vor-Rd 2 Hstb häkeln. Die Rd mit 1 Km in die 2. Steige-Lm schließen.
3. Rd: 2 Lm (= 1. Hstb), jede 2. M verdoppeln. Die Rd mit 1 Km in die 2. Steige-Lm schließen.
4. Rd: 2 Lm (= 1. Hstb), Hstb in das hintere M-Glied häkeln. Die Rd mit 1 Km in die 2. Steige-Lm schließen.
5. Rd: 2 Lm (= 1. Hstb), Hstb häkeln. Die Rd mit 1 Km in die 2. Steige-Lm schließen.
6. R: Abschlussrunde: 1 Lm, *1 fM, 2 M auslassen, in die folgende M: 5 Stb häkeln*, von* bis* wdh. Die Rd mit 1 Km in die fM schließen.

Wenn es zum Schluss mit 2 M nicht passt, dann kann auch ein bisschen „geschummelt" werden und nur 1 Lm übergangen werden.

Fertigstellen: Fäden vernähen und mit einem Dampfbügeleisen glatt bügeln.

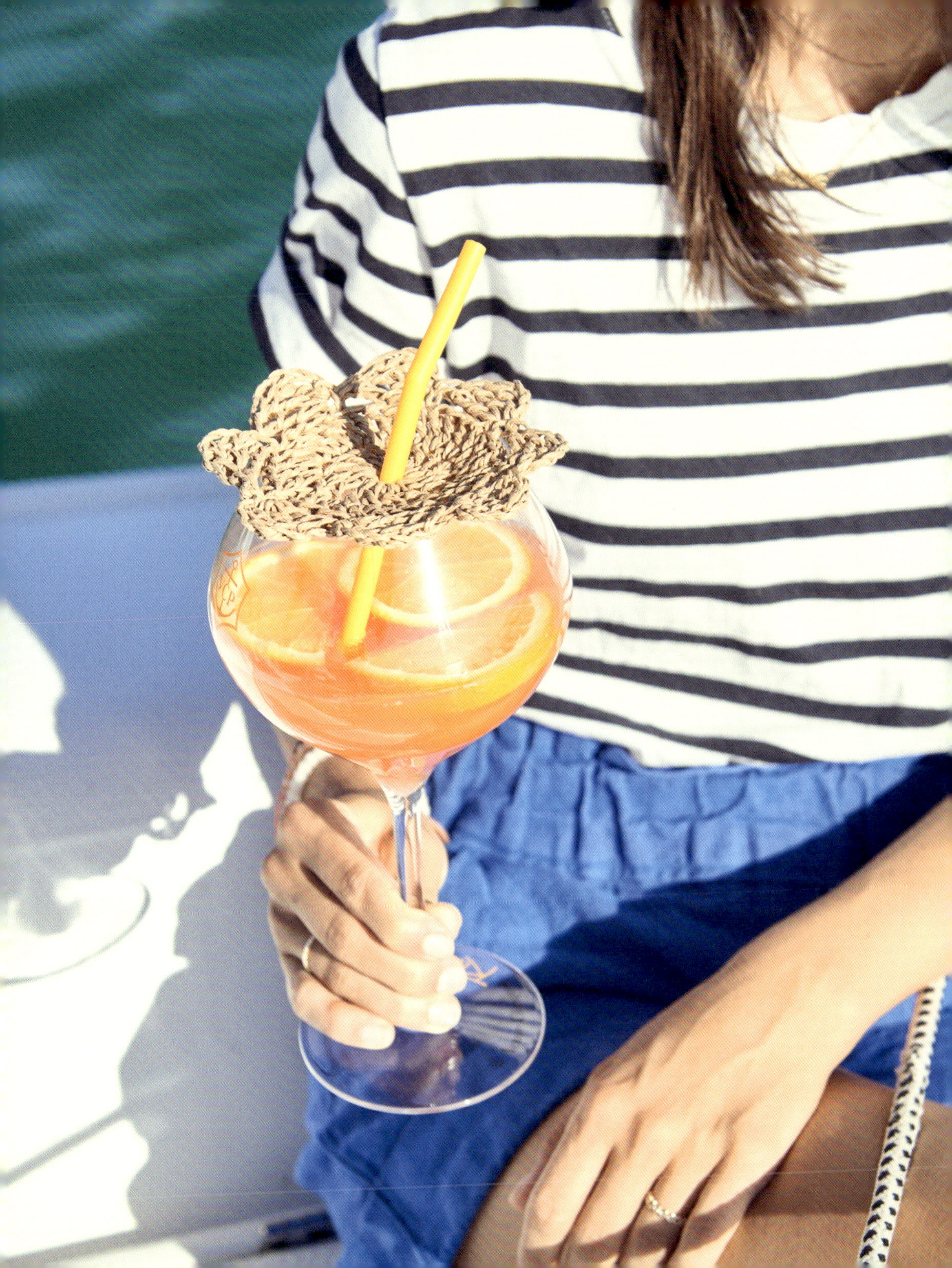

STRANDTASCHE

... Sommer, Sonne, Strand kann kommen!

MAẞE:

Höhe: ca. 38 cm
Breite: ca. 45 cm

MATERIAL:

- Papiergarn: ca. 2 Knäuel
- Häkelnadel: 4,5 mm

BEVOR SIE BEGINNEN:

Die Tasche wird mit einem Grannymuster aus je 3 Stb gehäkelt, zuerst als Quadrat und später ohne Ecken rundgehäkelt. Die Größe kann einfach angepasst werden, indem Sie ein paar Runden mehr oder weniger häkeln.

SO GEHT'S:

4 Lm mit einer Km zum Ring schließen.
1. Rd: 3 Lm (= 1. Stb), 2 Lm (1. Ecke), alle Stb in den Ring häkeln: 3 Stb, 2 Lm (2. Ecke), 3 Stb, 2 Lm (3. Ecke), 3 Stb, 2 Lm (4. Ecke), 2 Stb. Die Rd mit 1 Km in die 3. Steige-Lm schließen.
2. Rd: 3 Lm (= 1. Stb), um die 2 Lm der Vor-Rd: 2 Stb, 2 Lm (1. Ecke), 3 Stb häkeln, *1 Lm, um die nächsten 2 Lm der nächsten Ecke: wieder 3 Stb, 2 Lm (2. Ecke) 3 Stb häkeln*, von * bis * wdh. Die Rd mit 1 Km in die 3. Steige-Lm schließen.
3. Rd: 3 Lm in (= 1. Stb), *1 Lm, um die 2 Lm der Vor-Rd: 3 Stb, 2 Lm, 3 Stb häkeln (1. Ecke), 1 Lm, um die folgende 1 Lm der Vor-Rd: 3 Stb arbeiten*, von * bis * weiter wdh, mit 2 Stb enden und die Rd mit 1 Km in die 3. Steige-Lm schließen.
4.–10. Rd: 2. und 3. Rd immer abwechselnd wdh, wobei sich die Runden nur am Anfang und Schluss unterscheiden. Es kommen immer 3 Stb um die Lm der Vorrunde. Nur an den Ecken werden um die 2 Lm der Vor-Rd 3 Stb, 2 Lm 3 Stb gehäkelt.
11. Rd: Nun das Granny ohne Ecken weiterhäkeln, d.h. um die 2 Lm an jeder Ecke werden 3 Stb hineingehäkelt mit 1 Lm davor und danach. Die Rd weiter mit 1 Km in die 3. Steige-Lm schließen.
12.–20. Rd: 11.Rd wdh.
21. Rd: 1 Lm (= 1. fM), oberen Rand mit fM umhäkeln, in jedes Stb der Vor-Rd einstechen, die Lm werden ausgelassen.
22.–27. Rd: fM häkeln in Spiralrunden.
28. Rd: Nun wird an beiden Seiten mittig je ein Träger eingehäkelt: nach ca. 10 cm vom seitlichen Rand 80 Lm häkeln (30 M auslassen), fM weiterhäkeln und auf der anderen Seite der Tasche wieder ca. 10 cm vom seitlichen Rand 80 Lm für den 2. Träger häkeln (30 M auslassen). Die Rd mit Km schließen.
29. + 30. Rd: fM häkeln.
31. Rd: Km ins hintere M-Glied häkeln.
An der inneren Seite eines jeden Trägers das Garn neu anschlingen und auch mit 1 Rd fM und 1 Rd Km ins hintere M-Glied umhäkeln.

Fertigstellen: Fäden vernähen.

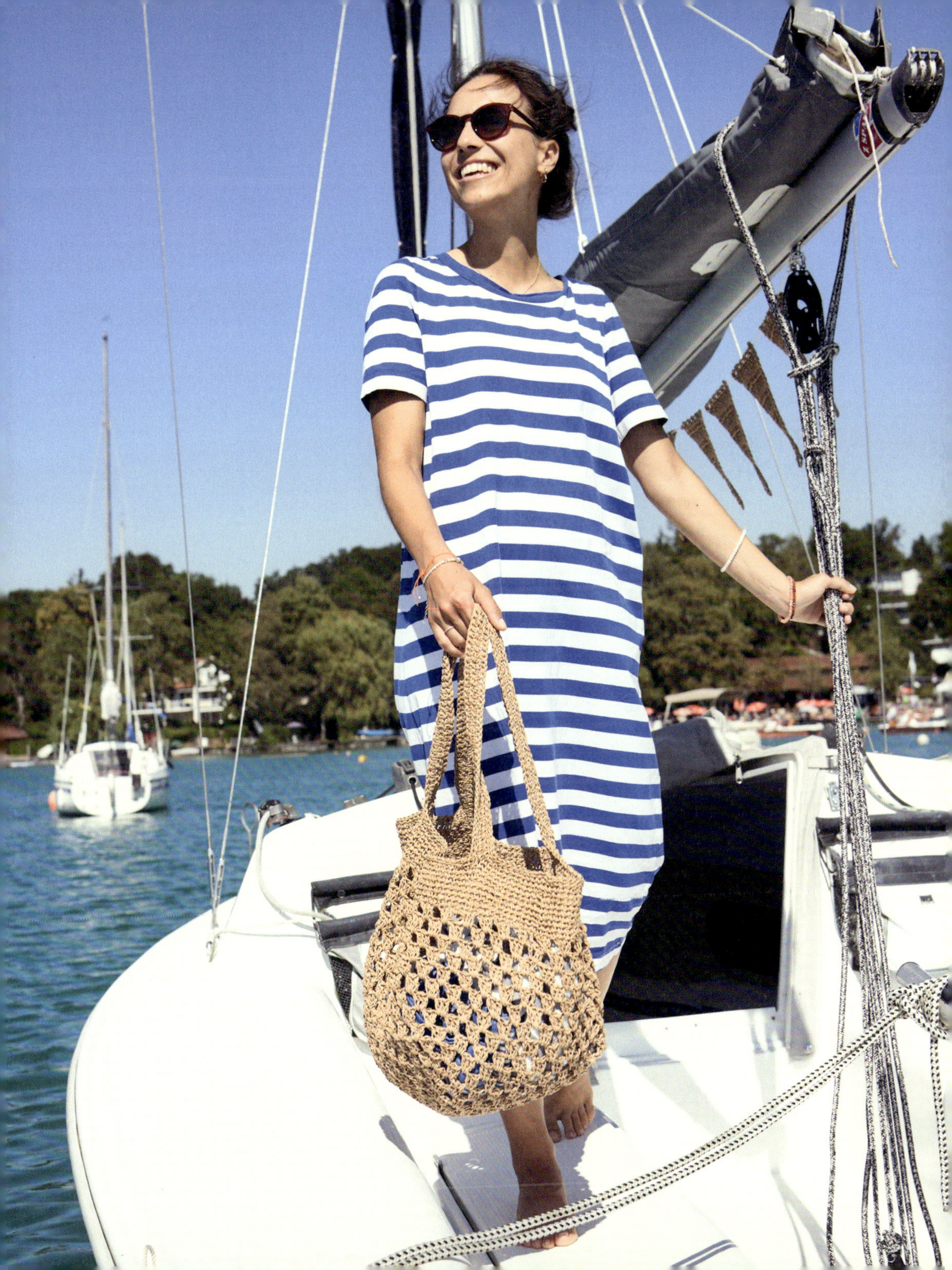

TASCHENBAUMLER

... ganz schön anhänglich

MAẞE:

Durchmesser: ca. 8 cm

MATERIAL:

- Papiergarnreste
- 5 Holzkugeln: 14 mm Durchmesser
- 1 kleiner Karabiner
- Häkelnadel: 4,5 mm

BEVOR SIE BEGINNEN:

Dieses Projekt eignet sich sehr gut für zwischendurch und so können auch Papiergarnreste zu kleinen Geschenken werden.

TIPP:

Wird das Garn doppelfädig verwendet (mit Häkelnadel 6 mm) und mit größeren Kugeln kombiniert, kann auch ein größerer Anhänger mit dieser Anleitung gearbeitet werden.

SO GEHT'S:

Die 5 Kugeln auf das Papiergarn auffädeln und das Garn zu einem Kreis zusammenknoten. Das kurze Ende wird später vernäht und mit dem längeren Ende weiterhäkeln:

1. Rd: 1 Lm, 1 fM zwischen die ersten beiden Kugeln, *3 Lm, 1 fM zwischen den nächsten Kugeln*, von* bis* wdh. Die Rd mit 1 Km schließen.
2. Rd: In jeden Lm-Bogen: 1 fM, 1 Hstb, 1 Stb, 1 Dstb, 1 Stb, 1 Hstb, 1 fM häkeln, auf die fM der Vor-Rd (zwischen den Kugeln) jeweils 1 Km häkeln. Die Rd mit 1 Km schließen.

Zum Aufhängen noch eine Schlaufe mit 25 Lm häkeln, die mit 1 Km geschlossen wird.

Fertigstellen: Fäden vernähen. 4 Papiergarnfäden à 40 cm abschneiden und gegenüber der Schlaufe anknüpfen.

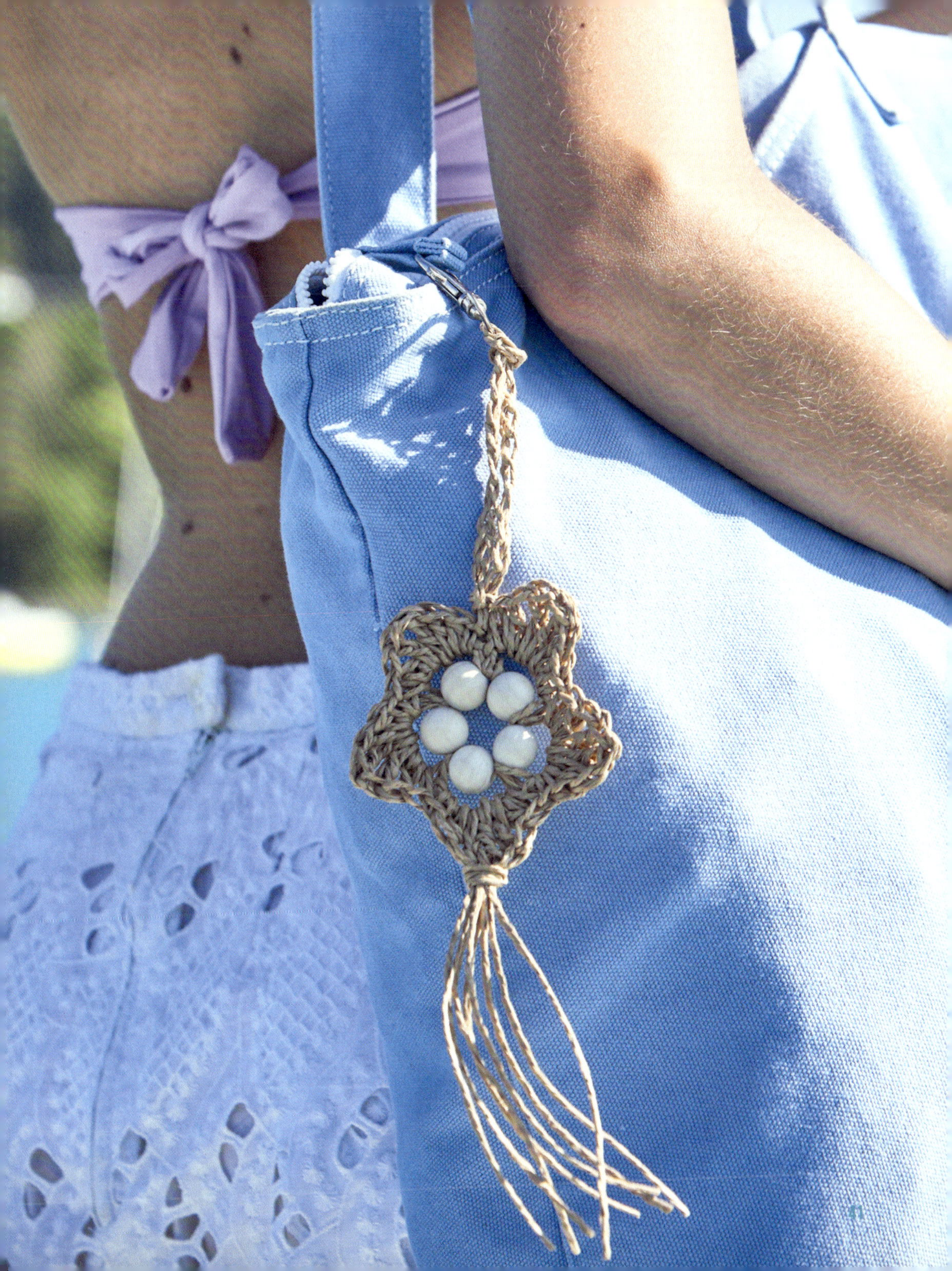

UTENSILO

... ganz schnell aufgeräumt

MAẞE:

Höhe: ca. 15 cm
Durchmesser: ca. 26 cm

MATERIAL:

- Papiergarn: ca. 2 Knäuel (für die bessere Stabilität wird der Faden doppelfädig genommen)
- Häkelnadel: 8 mm

BEVOR SIE BEGINNEN:

Die Utensilos werden vom Boden aus begonnen und nach oben gehäkelt. Die festen Maschen, die hier etwas anders gehäkelt werden, geben den Körbchen eine rustikale Optik. Die Stabilität wird dadurch verstärkt, dass das Garn doppelfädig verhäkelt wird. Von beiden Knäueln das Garn jeweils von innen nehmen, damit kein Wirrwarr entsteht.

SO GEHT'S:

1. Rd: 3 Lm, 5 fM in die 1. Lm, die 3 Lm von der Nadel aus häkeln. Rd mit 1 Km schließen.
2. Rd: 1 Lm, fM häkeln, jede M verdoppeln. Die Rd mit 1 Km schließen.
3. Rd: 1 Lm, fM häkeln, jede 2. M verdoppeln. Die Rd mit 1 Km schließen.
4. Rd: 1 Lm, fM häkeln, jede 3. M verdoppeln. Die Rd mit 1 Km schließen.
5. Rd: 1 Lm, fM häkeln, jede 4. M verdoppeln. Die Rd mit 1 Km schließen.
6. Rd: 1 Lm, fM häkeln, jede 5. M verdoppeln. Die Rd mit 1 Km schließen.
7. Rd: 1 Lm, fM häkeln, jede 6. M verdoppeln. Die Rd mit 1 Km schließen.
8. Rd: 1 Lm, fM ohne Zunahme häkeln, dabei in das hintere M-Glied einstechen. Die Rd mit 1 Km schließen.
9. – 26. Rd: 1 Lm, fM häkeln, die etwas anders gearbeitet werden: in die Masche einstechen, beim Holen der Schlinge zeigt der Haken der Nadel nach unten, der Faden wird von oben gefasst und durchgezogen. Nochmals den Faden von oben mit nach unten zeigendem Haken holen und durch beide Schlingen auf der Nadel ziehen.
Die fM werden in Spiralrunden gehäkelt, d.h. ohne Km schließen.
27. Rd: Die Arbeit wenden und in die entgegengesetzte Richtung abwechselnd 1 Stb, 1 Km häkeln. Die Rd mit 1 Km schließen.

Optionaler Muschelrandabschluss:
1 Lm, *1 fM, 2 M auslassen, in die folgende M: 5 Stb häkeln, 2 M auslassen*, von* bis* wdh. Wenn es sich zum Schluss nicht genau ausgeht, kann auch nur 1 M ausgelassen werden. Die Rd mit 1 Km schließen.

Fertigstellen: Fäden vernähen und Rd 18 – 27 umschlagen.

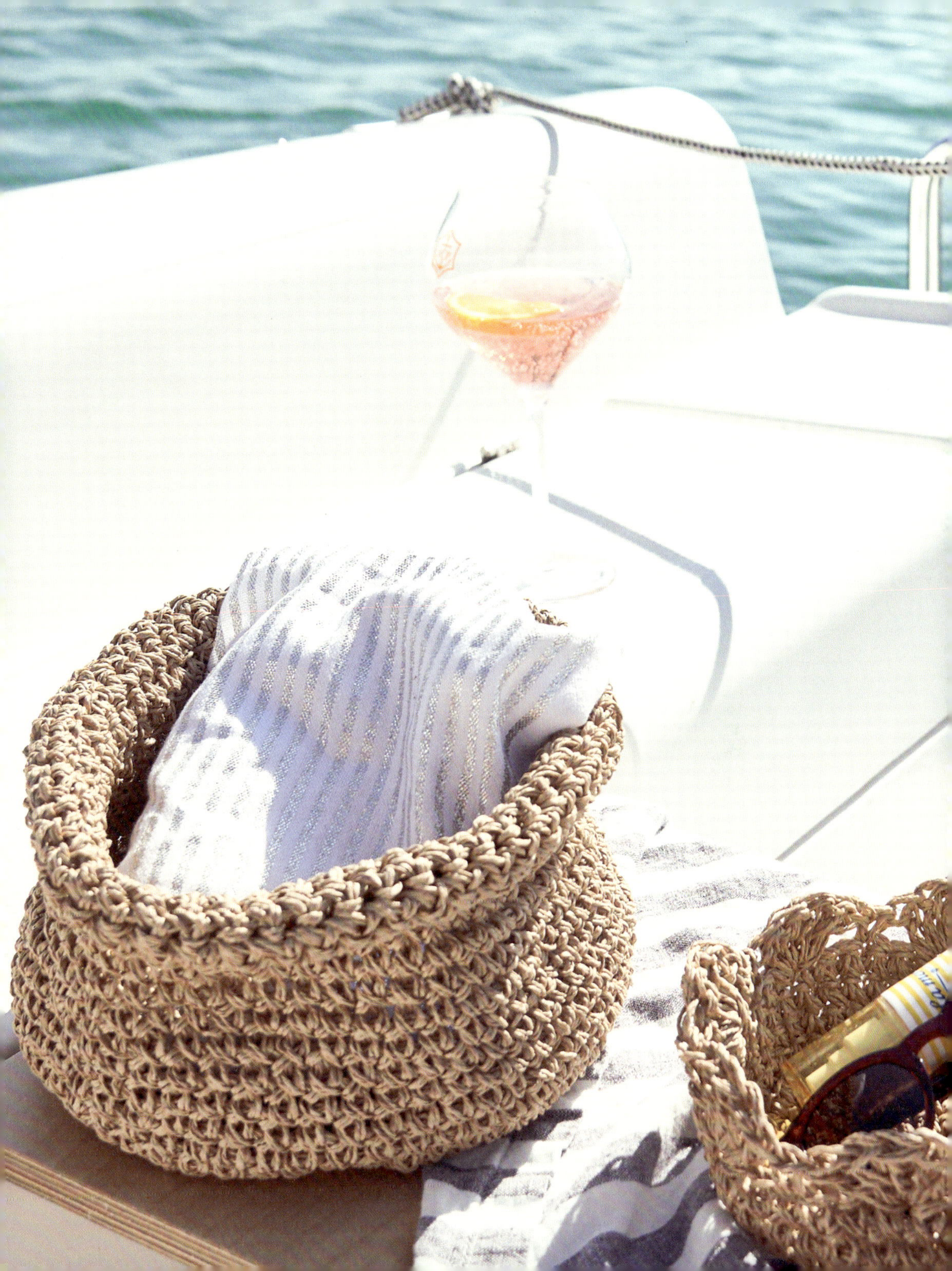

SCHMUCK

... chic im Sommer

MAẞE:

Je nach persönlichem Geschmack kann der Schmuck individuell angepasst werden.

MATERIAL:

- Papiergarnreste
- Häkelnadel: 3 mm

BEVOR SIE BEGINNEN:

Beim Armreif ergibt der Lm-Anschlag die Größe des Reifdurchmessers und die Anzahl der Reihen die Breite.

TIPP:

Mit weißem Schmuck oder Kleidung kombiniert, wirkt der Papiergarnschmuck noch sommerlicher. Die Kette kann auch (nicht geschlossen) als locker gebundener Gürtel zu einer Hose oder einem Kleid getragen werden.

SO GEHT'S:

Armreif:

43 Lm anschlagen und mit 1 Km zum Kreis schließen, dabei bitte aufpassen, dass sich der Lm-Anschlag nicht verdreht.

1. R: 3 Lm (= 1. Stb), Stb häkeln. Die Rd mit 1 Km in die 3. Steige-Lm schließen.
2.–8. R: 2 Lm (= 1. Hstb), *1 Rstbv, 1 Hstb*, von* bis* wdh.
Nun die 1. und die 8. Rd längs mit Km zusammenhäkeln oder mit dem Endfaden einfach zusammennähen, sodass ein Reif mit runder Optik entsteht.

Fertigstellen: Den Reif etwas nachformen und die Fäden vernähen.

XXL-Kette:

4 Lm, in die 1. Lm, also die 4. Lm von der Nadel aus: 4 Stb häkeln, Nadel herausnehmen, in die 3. Steige-Lm einstechen, die Schlinge holen, durchziehen und zusammenziehen, von* bis* wdh, bis die Kette die gewünschte Länge erreicht hat.

Zum Schluss die Kette mit 1 Km schließen.

Fertigstellen: Fäden vernähen.

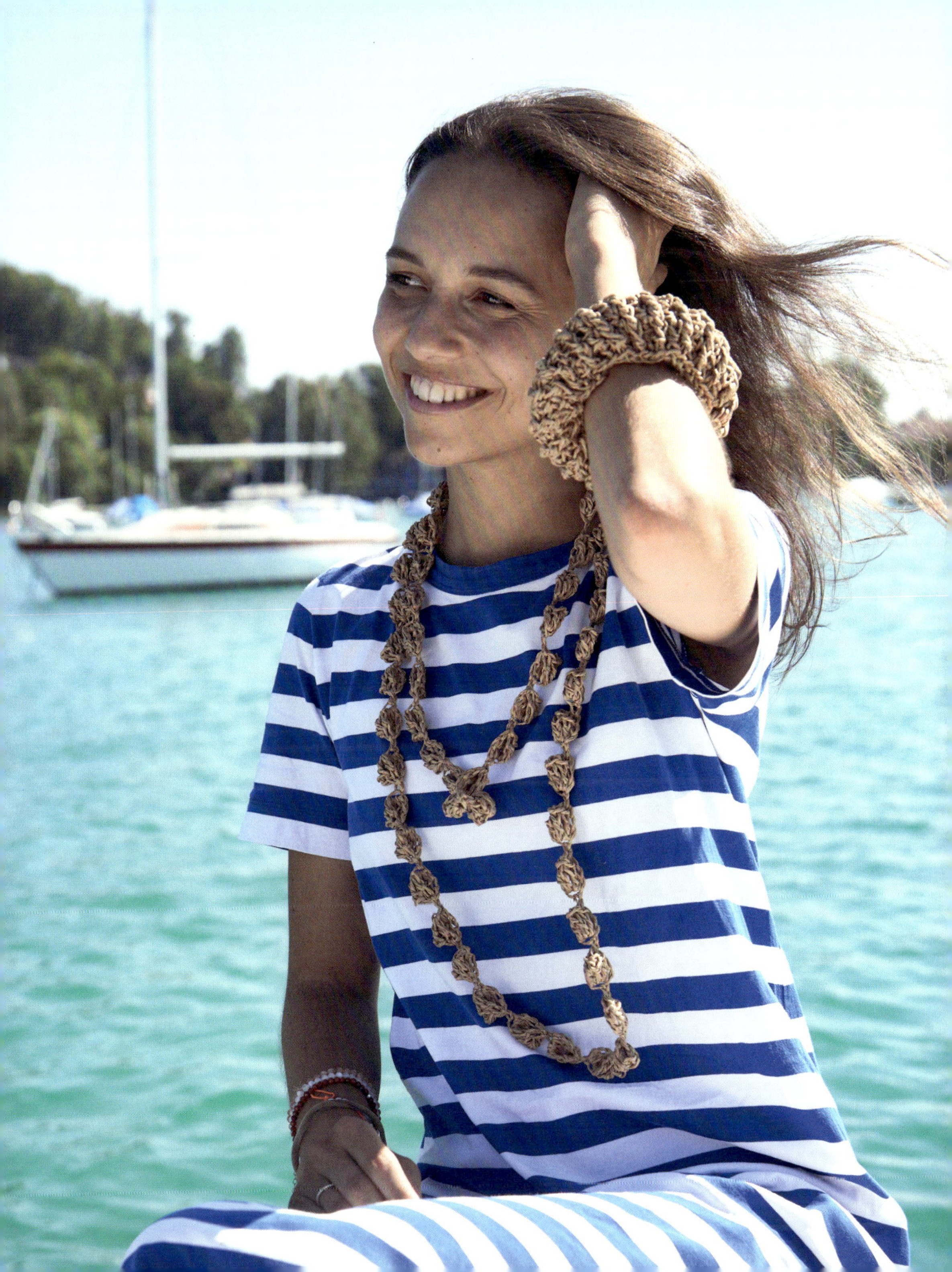

ÜBER DIE AUTORIN

Michaela Lingfeld-Hertner lebt mit ihrer Familie südlich von Wien. Häkeln hat sie schon seit der Schulzeit begeistert und begleitet. Später, während ihres Studiums, verkürzte dieses Hobby die tägliche Zugfahrt, wo sie bereits oft wegen ihrer Werke angesprochen wurde. Während ihres stressigen, so gar nicht kreativen Berufslebens bedeutete Häkeln nicht nur Entspannung und Abschalten vom Alltagsstress, sondern auch die Freude am Schaffen, Probieren von Neuem und das Ausleben ihrer kreativen Ideen. Nun ist ihr Hobby zum Beruf geworden. Unter dem Namen **mi-li** betreibt sie den Wolle-Onlineshop **www.mi-li.at**, einen Blog auf Facebook mit Tipps und Tricks und diverse Shops auf Häkelplattformen. Außerdem gibt sie immer wieder Häkelkurse und Workshops, wodurch sie genau weiß, wie Häkelanleitungen gut und verständlich formuliert sein müssen.

DANK

Ich möchte mich bei allen sehr herzlich bedanken, die dieses Buch kaufen, um das Häkeln neu zu erlernen, zu vertiefen oder aufzufrischen, und wünsche dabei viele gemütliche, kreative und entspannte Stunden! Viel Freude beim Tragen, Ausführen, Dekorieren oder Verschenken der tollen selbst geschaffenen Teile.

Außerdem möchte ich mich bei meiner Familie bedanken, die mir in stressigen Zeiten immer zur Seite steht, mich mit Begeisterung unterstützt und mich auch im Zweifel in meinen Ideen bestärkt.

Danke auch an meinen Sohn, der inzwischen zu einem großen Teenager herangewachsen ist, zu dem ich trotz meinen nicht kleinen 1,76 m schon ordentlich aufschauen muss. Noch immer findet er meine Arbeiten, Bücher und Ideen cool und trägt auch gerne gute Inputs bei.

Besonderer Dank gebührt der Fotografin Corinna Brix, die mit ihren stimmungsvollen Fotos noch mehr Lust auf Häkeln macht.

Außerdem möchte ich mich bei buttinette für die freundliche Bereitstellung der Materialien bedanken.

NOCH MEHR TOLLE BÜCHER

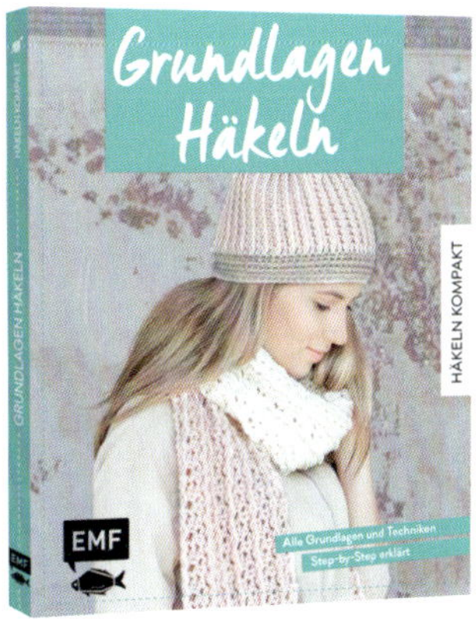

Häkeln kompakt – Grundlagen Häkeln
978-3-96093-079-2
8,99 € (DE) / 9,30 € (AT)

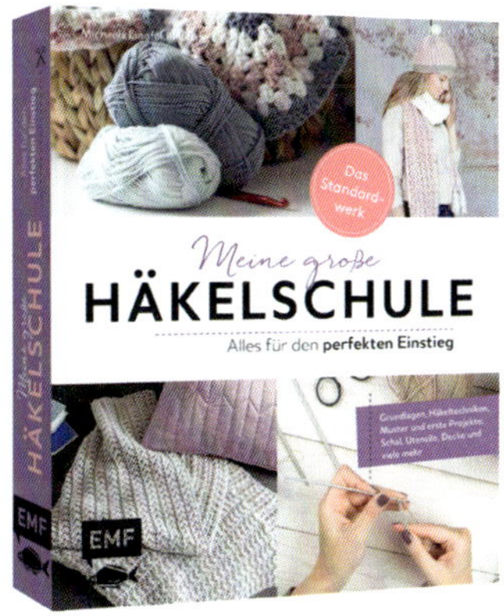

Meine große Häkelschule – Alles für den perfekten Einstieg
978-3-7459-1194-7
22,00 € (DE) / 22,70 € (AT)

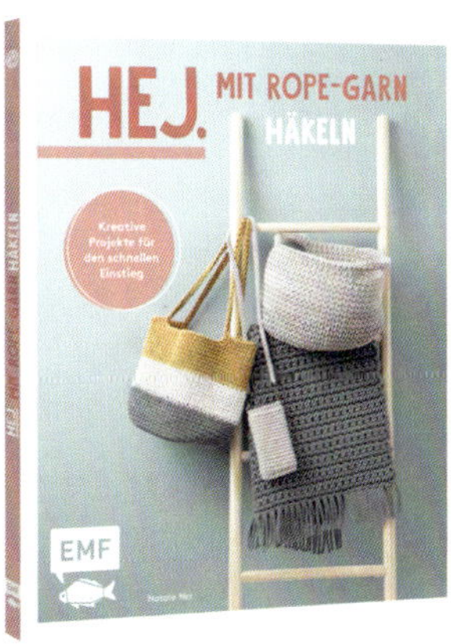

Hej. Mit Rope-Garn häkeln super easy
978-3-7459-1188-6
11,00 € (DE) / 11,40 € (AT)

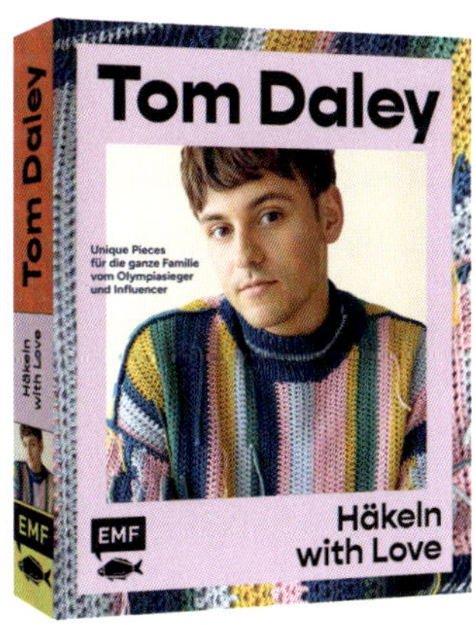

Häkeln with Love
978-3-7459-1856-4
25,00 € (DE) / 25,70 € (AT)

IMPRESSUM

Bibliografische Information der Deutschen Bibliothek.

Die Deutsche Bibliothek verzeichnet diese Publikation in der Deutschen Nationalbibliografie. Detaillierte bibliografische Daten sind im Internet über http://www.dnb.de/abrufbar.

EIN BUCH DER EDITION MICHAEL FISCHER

1. Auflage 2024

Covergestaltung: Sabine Mayr
Bilder: Corinna Teresa Brix, München
Produktabbildung Papiergarn: buttinette
Redaktion und Lektorat: Anja Brinkmann
Layout und Satz: Sabine Mayr
Illustration Sonne: @Panuwach/Shutterstock

ISBN 978-3-7459-1587-7

Polygraf: Gedruckt bei Polygraf Print, Capajevova 44, 08001 Prešov, Slowakei

www.emf-verlag.de